大众健康丛书

洪昭光 主编

21 世纪是个什么样的世纪呢?

21 世纪是个以人为本、人以健康为本的世纪,因为健康是人生最大的财富,健康是"1",其他都是后面的"0"。有了健康,就有未来,就有希望;失去健康,就失去一切。那么,健康又是以什么为本呢?健康不是以治病为本,因为治病是下游,花钱受罪,事倍功半;健康是以养生预防为本,养生是上游,省钱省力,事半功倍。

西方谚语:"一两预防胜过一磅治疗。"2400 年前,《黄帝内经》已精辟指出,"上医治未病","圣人不治已病治未病"。

现代科学研究表明:1 元的预防投入可以节省医药费 8.59 元。临床经验表明,又可相应节省约 100 元的重症抢救费。预防不仅节约卫生资源,更重要的是提高了健康水平,减少发病率,延长健康寿命。结果自己少受罪,儿女少受累,节省医药费,还造福全社会,何乐而不为呢?

生老病死正如花开花落、春夏秋冬一样本是自然界美丽的循环,但这是指生命的自然凋亡,即无病无痛、无疾而终,百岁以后离去在睡梦中。而现实中,大多数人都是病理死亡,即提前死亡。如北京某高科技园区,死亡的知识分子平均年龄仅 53 岁,他们中年得病,肉体痛苦,精神折磨,身心煎熬,人财两空。什么原因呢?原因只有一条,即违背了生命的自然规律,受到了自然的惩罚。

那么，自然的规律是什么呢？那就是世界卫生组织提出的健康生活方式："维多利亚宣言健康四大基石——合理膳食，适量运动，戒烟限酒，心理平衡。"

美国的研究表明：如果采用医疗方法使美国人均寿命延长1年，就需要数百亿至上千亿美元；而采用健康生活方式，不需要花多少钱，就可使各种慢性病总体上减少一半，人均寿命延长10年。进一步的研究表明：高昂的医疗技术能减少10%的提前死亡，而健康生活方式不需花费多少钱就可以减少70%的提前死亡。也就是说，健康生活方式可以使大多数人做到"60以前没病，80以前不衰老，轻轻松松100岁，快快乐乐一辈子"，尽享百岁健康人生。

世界卫生组织指出：组成健康的四大元素中，父母遗传占15%，社会与自然环境占17%，医疗条件占8%，而个人生活方式占60%。

虽然医疗条件只占8%，但我国每年消耗卫生资源有多少呢？2001年，我国卫生资源消耗6100亿元人民币，占当年GDP的6.4%，而2004年，卫生资源消耗已超过8000亿人民币，近乎天文数字。

而且近年来，医疗费用增长速度已远远超过国民经济及居民实际收入增长速度，使社会健康成本增高，居民健康风险增大。卫生部最新公布数据：城市居民平均每次住院费用为7600元，而每年生活费为6500元；农村居民平均每次住院费为2400元，与每年生活费2400元相当。健康成为社会公众越来越关注的热点和焦点。

与此同时，反观健康生活方式占了健康总分的60%，对健康起着决定性的作用，却不需要花费多少钱。这个奇妙现象便是大自然对人类的最大恩赐，也是造化的最好礼物，这也是21世纪人类健康的真正希望所在，同时也是编撰"大众健康丛书"的宗旨和出发点。

2500年前，古希腊睿哲、现代医学之父——希波克拉底的天才语言"病人的本能就是病人的医生，而医生只是帮助本能的"，与现代世界卫生组织的科学结论竟不谋而合，说明了真理的永恒光芒和力量。

　　所以，21世纪健康新格言是："最好的医生是自己，最好的处方是知识，最好的药物是时间，最好的心情是宁静。"

　　"大众健康丛书"包括从国外精挑细选的一批科学实用、深入浅出的优秀健康读物，以及邀请国内知名专家撰写的指导性强、适合大众阅读的健康图书。丛书中的每位作者不仅是各学科学有专长、卓有建树的专家学者、领军人物，而且有丰富的实践经验，因此"大众健康丛书"具有很高的权威性和实践性。同时，作者们流畅的文笔、生动的语言，使深奥的医学变得浅近明白，因此，"一看就懂，一懂就用，一用就灵"也是"大众健康丛书"的一大特点。这套丛书从消除疾病根源、正确补充营养、增强免疫力、防止衰老等不同侧面切入，娓娓道出保持健康的奥妙，在当前林林总总的健康书架上，可谓上乘之作。

　　在慢性病发病率不断上升、医疗费用不断增长的今天，如果能按照古代先哲的教导和现代科学理念，更多地用食物代替药物，用膳食获得健康，用自然疗法代替昂贵医疗，让"病人的本能"真正成为"病人的医生"，那便是本书作者与广大读者的共同愿望了。祝愿在新世纪的春天，这个美好的愿望能够早日实现。

全国健康教育首席专家
中国老年保健协会心血管委员会主任委员
联合国国际科学与和平周和平使者

洪昭光

食物是最好的医药

〔日〕阿部博幸 著　　游慧娟 译

天津教育出版社
TIANJIN EDUCATION PRESS

图书在版编目(CIP)数据

食物是最好的医药/〔日〕阿部博幸著；游慧娟译.
天津：天津教育出版社，2005.6
ISBN 7-5309-4351-0

Ⅰ.食… Ⅱ.①阿… ②游… Ⅲ.食物疗法
Ⅳ.R459.3

中国版本图书馆 CIP 数据核字(2005)第 025148 号

著作权合同登记号　　图字：02-2005-49

TAINAI NENREI WO WAKAKUSURU HON
© SHUFU-TO-SEIKATSUSHA CO., LTD. 2001
Originally published in Japan in 2001 by SHUFU-TO-SEIKATSUSHA CO., LTD..
Chinese translation rights arranged through TOHAN CORPORATION, TOKYO.

食物是最好的医药

出 版 人	肖占鹏	
选题策划	新经典文化 (www.readinglife.com)	
作　　者	〔日〕阿部博幸	
译　　者	游慧娟	
责任编辑	王艳超	
特邀编辑	李 昕　侯平燕　杨 娟	
装帧设计	徐 蕊	
出版发行	天津教育出版社 天津市和平区西康路 35 号 邮政编码 300051	
经　　销	新华书店	
印　　刷	北京国彩印刷有限公司	
版　　次	2005 年 6 月第 1 版	
印　　次	2005 年 6 月第 1 次印刷	
规　　格	32 开（890 × 1240 毫米）	
字　　数	150 千	
印　　张	4.5	
书　　号	ISBN 7-5309-4351-0/C・70	
定　　价	25.00 元	

目 录

食物解决方案：洋葱，含黏滑物质的蔬菜，茶类，富含铬的食物，富含 γ－亚麻酸的食物

减少自由基，降低身体老化速度

疾病根源：自由基
典型表现：没有典型表现，对人体各部分都有损伤
长期积累的结果：全身各个器官老化，免疫力下降，易发生心脑血管疾病、糖尿病、癌症
食物解决方案：蘑菇类，黄绿色蔬菜，十字花科蔬菜，富含维生素E的食物，富含维生素C的食物，富含多酚的食物，富含硒的食物

自1863年路易·巴斯德把人的许多疾病归罪于细菌后，医学界长期沿用一种基本理论——疾病源于细菌。但人人都不可避免地沾染致病的细菌，却非人人都会得病。而且，同一个人，在不同时期和不同状况下，对疾病的抵抗力也不同。因此，把细菌当做病因的观点，看到的只是一种表象。

那么，什么才是致病的深层原因呢？

根据科学家对细胞学的研究以及根据人的生长期计算寿命的方法，人应该有120～175岁的寿命。但很少有人活到如此高龄。且在医学发达、设备先进的条件下，肿瘤、心脑血管疾病、呼吸系统疾病等现代文明病却不减反增。以此为突破口，经过实践的反复检验，对疾病根源的探求也终于拨云见日——人体垃圾才是引发疾病的罪魁祸首。

人体垃圾因为某些原因过量沉积在体内，导致人体慢性中毒，从而引发多种疾病。俄罗斯科学家梅奇尼科夫曾因"自身中毒"这一学说而荣获诺贝尔医学奖。所以，要预防疾病，必须先将人体垃圾排出体外，也即我们所说的排毒。

每个人体内都有毒素，但有些人依然保持着长久的健康。这就要归功于身体本身奇妙的排毒系统，它们是肝脏、肾、胃肠、淋巴系统和皮肤。正常情况下，它们能有效地分解毒素并将其排除体外，以维持体内环境的相对平衡。而一旦毒素超出了排毒系统所能承载的量，身体便生疾病。备受污染的环境，人类对食物的不良选择，以及过度依赖药物和不健康的生活习惯，都是造成毒素"超标"的原因。

那么，如何排出体内过量的毒素呢？"现代医学之父"希波克拉底早在2400多年前，就提出"我们应以食物为药，饮食是你首选的医疗方式"。在中国传统文化中，"药食同源"理论源远流长，中医历来强调"药补不如食补"，历代流传的食物疗法专著就有300余部之多。"药食同源"理论认为，许多的食物同时也是药物，同药物一样能够预防疾病。

以食物为药最突出的好处是，使用得当，不会产生副作用，而药物排毒则不然，长期使用往往会产生各种副作用及像吸毒一样的依赖性，还可能影响人体对某些有益营养物质的吸收，进而影响健康。

自然排毒是每时每刻都在运行的过程，它与我们的生活同步，并渗透进生活的每一个角落。在毒素尚未沉积并对身体造成危害时就将它们清除，把健康牢牢抓在手中，这才是自然排毒、生活排毒的终极目标，也是对"食物是最好的医药"的最好解释。

本书作者学贯中西，医通古今，造诣精深，经验丰富。本书以现代科学为依据，以"药食同源"为思路，以排出毒素为切入点，博采营养烹饪学、传统医学之精华，糅合按摩、瑜珈、气功、理疗、体疗，融知识性、实用性、趣味性于一炉，使人有耳目一新之感。

本书着力阐述的人体代谢毒素，人体慢性中毒，人体本身奇妙的排毒系统，及人体维持内环境的相对平衡等观点，都有其新颖和独到之处，有其科学依据。但也有一些是作者个人的观点和思考，读者可根据具体情况参考使用。

本书文笔生动，浅近易懂，基本做到"一看就懂，一懂就用，一用就灵"，而且贴近生活，贴近实践，贴近百姓，有很强的实用指导性。

祝愿本书能给广大读者带来生命的春天。

洪昭光

● 消除体内废气,预防癌变 ●

不可忽视体内废气的致癌作用

我们通常不太在意的屁,其实面目究竟是什么呢?

其实,屁中约70%的成分都是吃饭时随着食物一起吸入的空气,这其中包括氮气、二氧化碳、氢气、甲烷和氧气。剩下的30%中有20%是血液中所含的气体通过肠壁进入肠中,还有10%则是大肠内的食物残渣在细菌的作用下分解时生成的气体。

由细菌生成的气体包括氨气、硫化氢、吲哚、甲基吲哚、挥发性胺、挥发性脂肪酸等带有恶臭的物质,从肛门中排出时就会形成臭屁。

另外,肠内的气体不可能全部都变成屁,气体中的70%通过肠壁流向血液中,又会从血液中流出,也就是说,气体会在血液和肠内往返流动。

未从肛门排出的废气会通过肠黏膜而被血液吸收,经由肝脏进入尿中,还有一部分会经由肺部呼吸排出。

健康人大概会放多少屁

一般来说,健康人消化道内有100毫升的气体,而形成屁排出体外的量,成年男性是每天100～2800毫升,浮动范围相当大。

这是因为不同人的饮食种类有很大的不同,难以消化的薯类和豆类会使废气量增加2～10倍。

欧美人放屁的量很少,这是因为摄入食物纤维比较少的缘故,不过其反面就是,食肉越多屁越臭。

少吞入空气的吃饭方法

由口中吞入的空气占了废气成分的70%。

吃东西时少吞入空气的秘诀在于增加咀嚼的次数,使食物和唾液充分混合。当唾液和食物充分混合后,空气就自然而然地被排出了。

狼吞虎咽,吃饭很快的人,就容易放屁。

屁很臭是体内有害菌很多的信号

由日常的经验可以知道,有些屁很臭,有些却没有气味。这是为什么呢?

食物被胃肠消化吸收后,其残

渣作为粪便而被排出。臭屁正是在这一过程中产生的,其主要的场所是大肠。

大肠里生活着约100种100万亿个细菌,它们以流入大肠的食物残渣为食物而生存繁衍,其中既有促进肠功能的乳酸杆菌等有益菌,也有制造有害物质的梭状芽孢杆菌等有害菌。

臭屁的罪魁祸首就是有害菌。健康的年轻人中,乳酸杆菌等有益菌比有害菌要多,但是老年后,有害菌就占优势了。

于是,随着年龄增加,屁会增多且变臭。因为随着人体的老化,消化能力变弱,食物未被完全消化就送入大肠中,而促进肠功能的乳酸杆菌又少,就会产生恶臭的废气。

决定有益菌和有害菌力量对比的是每天的饮食。

乳酸杆菌所喜欢的食物是食物纤维等,所以平时多摄取这些物质,屁就不那么臭了。

而有害菌所喜欢的,主要是动物性蛋白质和脂肪。长期以动物性蛋白质和脂肪为主食,就易为恶臭的屁而烦恼。

此外,夜晚暴饮暴食的生活习惯也和臭屁有关系。比如在胃肠休息的时间,却吃得很饱,长期过着这种生活,使胃肠精疲力竭,胃液的分泌会因过剩或不足而使胃肠功能逐渐减退。于是,本来应该消化吸收的食物还未消化就送到大肠中,在有害菌的作用下腐败,产生臭气。

更糟的是,产生臭屁的氨气和吲哚等有害气体,除了直接影响大肠之外,还会被大肠壁吸收,然后对全身产生不良影响。

因不好意思在人前放屁,从而把废气积在肠中会造成腹痛,还会使消化吸收的功能降低,甚至抑制大便的排泄。而人在便秘时,肠内会堆积有害物质,产生更多的废气,形成恶性循环。

食肉过多、饮酒过多可产生臭屁

长期过着以肉食为主的生活,屁会变臭。蛋白质发酵、分解时,产生的吲哚、甲基吲哚和硫化氨是恶臭的根源。可以服用消化剂预防,使食物在小肠中充分消化。

此外,因为饮酒过多造成胰腺功能减弱,使消化酶的分泌减少,从而导致的不消化物的增加也会使屁变臭。

不可忽视体内废气的致癌作用

肠内积存的废气最可怕之处就是它的致癌作用。

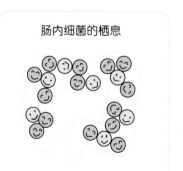

肠内细菌的栖息

肠内细菌大都栖息于大肠壁的黏膜上。

梭状芽孢杆菌等有害菌不仅会在大肠内制造臭气，还会生成亚硝胺和苯酚等致癌物质，以及强化这些致癌物质的粪臭素等气体。

这些物质持续地刺激大肠，使大肠癌的发病率升高。经常放臭屁的人以及肚子常胀气的人，有必要尽早改善大肠内的细菌环境，排出废气。

含有害物质的废气通过肠壁溶解于血液中，在全身循环的时候，会影响到功能已经降低的器官。

比如，肝脏起着将氨气转换为尿素的作用。在肝脏功能衰弱时，若是废气中所含的氨气太多，肝脏无法负荷，就可能造成人的意识昏迷。

此外，肠内积存的废气，有时会压迫血管，造成血液循环不良，引起手足冰冷。

胀气会令溃疡恶化

胃肠有溃疡的人，更不能在体内积存胀气。胀气会刺激扩大伤口，使治疗更加困难。啤酒和碳酸饮料喝入体内会分解生成大量的废气，所以最好少喝。

横结肠中积存废气会引发剧痛

如果运气不好，体内的废气堆积在横结肠的右角，会引起剧烈的疼痛。这是因为结肠压迫胆囊和胰腺而造成的。

改善饮食生活，根除有害气体

为了尽量避免有害气体的产生，首先应改善饮食生活。

习惯于在饮食中摄入过多动物性蛋白质和脂肪的人，应该改换成以根菜类和薯类、豆类、海藻类等富含食物纤维的食物，以改善肠内的细菌环境。乳酸杆菌等有益菌增加时，废气便易于排出；相反，有害菌增加后，气体不易排出。

另外，一日三餐中，尽量在早餐和午餐时摄取较多食物，而在胃肠的功能较弱的夜晚，则要注意减少食物的量。

因暴饮暴食使得胃肠不舒服时，有人会立即使用胃肠药。药能使胃肠获得一时的舒适，但是如果不改变错误的饮食生活，胃肠功能仍然衰弱，废气还是会不断积存。

此外，压力也会使肠内有害菌和废气增加。

当人有强烈的紧张和不快的情绪时，交感神经会兴奋，从而促进胃肠蠕动的副交感神经无法发挥作用，导致体内废气很难排出。而且，大肠中的梭状芽孢杆菌会因焦虑情绪而增加。

因此，应尽量避免压力的堆积，学会缓解的方法。

体内废气是美容的大敌

大肠内的有害菌产生的有害气体，通过肠壁循环到全身后，会对新陈代谢造成妨碍，使得脸上长粉刺和雀斑，引起皮肤干燥、粗糙。

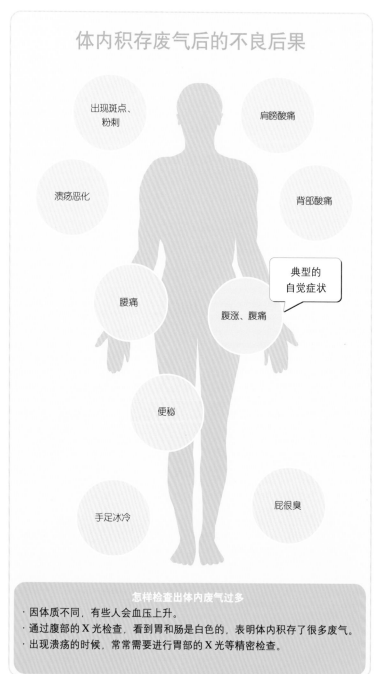

体内积存废气后的不良后果

出现斑点、粉刺

肩膀酸痛

溃疡恶化

背部酸痛

腰痛

腹涨、腹痛

典型的自觉症状

便秘

手足冰冷

屁很臭

怎样检查出体内废气过多

· 因体质不同，有些人会血压上升。

· 通过腹部的 X 光检查，看到胃和肠是白色的，表明体内积存了很多废气。

· 出现溃疡的时候，常常需要进行胃部的 X 光等精密检查。

红薯 * 促进排气，预防大肠癌

粪便中混有的小气泡，其实也是废气。增加粪便的排出量，也能使废气一起排出。

红薯中含有大量的食物纤维素，而且其所含的葡糖苷成分有着和食物纤维同样的效果，在增加便量的同时，能给肠的活动以强力的刺激，引起蠕动运动，促进排便，即使废气充满肠内，也具有将粪便挤出的力量。

此外，葡糖苷在小肠内不会被吸收而是直接运送到大肠，然后在大肠内被细菌食用生成废气。吃红薯容易排气，特别是吃较甜的烤红薯。如果连皮一起吃的话，效果会更好。因为薯皮中含有分解淀粉的酶，很容易消化而不会产生废气。

红薯皮的附近食物纤维很多，而且皮下有紫茉莉甙成分，存在于切红薯时渗出来的白色汁液中。这一成分有软化粪便，帮助排便的功能。

薯类能预防癌症

红薯的食物纤维，不仅能促进废气排出，更有吸附致癌物质、预防癌症的重要作用。除此之外，它所含有的维生素C和β-胡萝卜素，能将癌症的根源——自由基无害化。

近年来，研究发现红薯汁有抑制癌细胞增殖的作用。另外，红薯中

红薯（蒸）的主要营养成分（100克中）

热量	131千卡
食物纤维	3.8克
维生素C	20毫克
胡萝卜素	27微克
维生素E	1.5毫克
钾	490毫克
钙	47毫克

维生素C的含量可以和柑橘相提并论，即使加热后，也有60%～70%未被破坏。

薯类是天然的营养胶囊

· 土豆

一般来说，维生素C易溶于水且不耐热。而土豆中含量丰富的维生素C，由于受到淀粉的保护，在做菜时不容易溶出。

· 芋头

含有被称为黏蛋白的黏滑成分，既对肝脏有解毒作用，又可强化消化器官的功能，还能保持肌肤的柔嫩。

· 山药

它比萝卜含有更多的淀粉酶，能促进胃肠的运动，还含有氧化还原酶和分解体内产生的有害物质的酶。

富含乳酸菌的食物 *
防止有害气体的生成

乳酸菌是在肠内分解乳糖、葡萄糖、合成有机酸的细菌。其中最典型的就是乳酸杆菌,它是有益菌的代表。除此之外,还有保加利亚菌等。这些乳酸菌与制造有害物质的梭状芽孢杆菌、大肠菌等有害菌战斗。

因此,摄取乳酸菌,可以减少有害菌,消除有害气体,使致癌物质的毒性丧失,增强身体免疫力。

乳酸菌最好在保质期内食用

乳酸菌有各种种类,分别可以被利用于发酵食品中。

乳酸菌是活菌,所以要保存于10℃以下的冰箱中。发酵食品不会轻易腐败,但是为了更可口,建议在保质期内食用。

另外还要提醒大家,虽然酸奶和乳酸菌饮料中都含有乳酸菌,但是乳酸菌饮料中的含量只有酸奶的十分之一。

含有乳酸菌的食物

酸奶　　奶酪　　乳酸菌饮料

奶油　　黑麦面包　　酱油

简单易行的其他疗法

瑜珈 * 排出腹中胀气,
消除便秘

为了消除胀气,在注意饮食的同时也要注意运动。

这里向大家介绍瑜珈中的一种消除胀气的方法。

抱住两膝轻轻压迫胃肠,促进胃肠蠕动,于是积在腹中的胀气就会自然而然地被排出。

这个姿势对于胖人来说可能很痛苦,不过它对减肥也有益。

另外,这种姿势对于腰痛病人

消除胀气的姿势

①仰卧,膝部贴在胸前,双手交叉抱住小腿。保持这一姿势,屏息5~10秒。

②一边呼气,一边进一步将膝部贴近胸前,头抬起,尽量使身体蜷成一团。

①、②交互进行两次。

也有效果，请坚持每天做2～3次。

体操 ＊ 排出积存的胀气，使身体活化

　　从腕部开始到两侧的胸肌，分布有控制脾脏、心脏和小肠的穴位。因此，通过双臂向后屈伸的动作，能有效地刺激这些穴位，从而排出体内的胀气，消除致癌的有毒物质。

　　研究发现，早上进行15分钟的散步，促进全身的血液循环之后再做这一体操，效果更好。

性蛋白质和脂肪以及精神压力等使现代人过着容易积存废气的生活，因此在有害气体蓄积之前，要养成每天消除废气的习惯。这里介绍的两种体操，都可以在夜晚临睡前轻松进行。

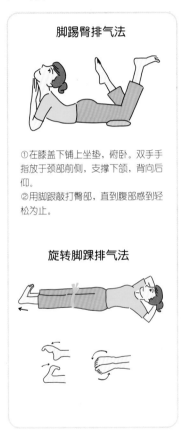

脚踢臀排气法

①在膝盖下铺上坐垫，俯卧。双手手指放于颈部前侧，支撑下颌，背向后仰。
②用脚跟敲打臀部，直到腹部感到轻松为止。

旋转脚踝排气法

①两手握住毛巾，分开与肩同宽。
②膝盖不弯曲，两臂向上向后伸。腹部用力，上身向后仰，脚尖着地向前走12步。习惯之后可以逐渐增至30步。
③结束后，仰卧休息5分钟左右。

当天积存的废气要当天排出

　　因为运动不足、摄入过多动物

穴位按摩 ＊ 消除腹胀和嗳气（打嗝儿）

　　古代流传下来的穴位疗法，也可以用来排出胀气。在按压穴位之前，先做背部的按摩，放松之后再

开始进行，效果更好。

感到腹部胀时，可以按压脊背上的大肠俞和腹部的关元。打嗝儿不止时，可以按压锁骨上的气舍穴。

不过，采取任何穴位疗法都要以体内无重大疾病为前提。而且，仰卧着按压关元穴时，注意不要过于用力。

大肠俞——促进肠的运动

从背部到腰部慢慢按压，然后按压骨盆上方第4腰椎的两侧。

关元——消除腹胀症状

在肚脐正下方约3横指处，两手指尖并拢，轻轻地按压。

气舍——停止打嗝儿

用手指温和地同时按压锁骨上方两边的凹陷，放松腹部，以很舒服的姿势进行。

消除压力 ＊ 通过植物神经的作用排出废气

肠内废气是由口吸入的空气和肠内的细菌产生的，同时也受到精神压力的影响。

胃肠的运动是由与我们的意志无关的植物神经所控制的。其中，副交感神经促进胃肠的运动，而交感神经则抑制胃肠的运动。

人在担心和着急的时候，副交感神经就无法正常发挥作用，使得胃肠的蠕动变得迟钝，肠内因而积存更多的废气，梭状芽孢杆菌等有害菌也加速繁殖。

所以，吃饭时要尽量把讨厌的事情全部忘掉。

转换心情的方法

和肯听自己说话的朋友聊天。

做志愿者，积极地参加社会活动。

睡眠时间充分。为了可以熟睡，临睡前不要看电视，而且要稍微运动一下后再睡。

早起散步和运动身体，缓缓地深呼吸也很好。

寻找有兴趣的能令自己投入的事。

做腹式呼吸（吸气时鼓起肚子，呼气时充分将腹部排空）。

一天之中，要有放松的时间。

过有目标的生活。

累的时候，一定要休息。

通过运动流汗。

紧张的时候，摄取牛奶和奶酪等。

● 消除宿便，预防大肠癌 ●

宿便是癌症的温床

我们吃入口中的食物，其营养成分被身体吸收之后，其残渣会形成大便和废弃物而顺畅地排出体外。

但是若因为某些原因，大便在大肠中残留，附着在大肠的皱褶上成为陈旧的粪便，就会在肠中释放毒素，使肠内细菌环境紊乱，产生有害物质，且引起自律神经功能低下，引发种种疾病。

在这里所说的宿便，是指即使每天都排便仍然有残便感，或是长期一周内持续3天以上不排便的状态，即习惯性便秘。

不过，排便的方式和感觉有非常大的个体差异。有的人如果不是每天排便就会感觉很不舒服，也有的人即使两天不排便也没什么感觉，还有的人太忙了，都不记得什么时候排过便。

虽然不必太过神经质，但是检查每日的排便状态是很重要的。每天都排便的人若一个星期都不排的话，一定不可掉以轻心，因为背后有可能隐藏着重大疾病。那种觉得最多不过是便秘的想法是非常错误的。

习惯性便秘

平时排便很顺畅，由于紧张的事情或者旅行等使生活规律改变时，会发生暂时性便秘。在紧张情绪消失或环境恢复之后，这样的便秘就会消除。但是如果经常强忍便意，或者频繁地使用泻药，时间长了就有可能发展成为习惯性便秘。

经常便秘就是习惯性便秘，大致可划分为弛缓性便秘和痉挛性便秘两类。

弛缓性便秘是因大肠蠕动运动变弱而引起的。大肠中残留有大量的粪便和气体，有腹胀感，多见于胃下垂、运动不足的人或分娩后腹肌松弛的人。

而痉挛性便秘则与弛缓性便秘完全相反，是因为肠部高度紧张，致使蠕动运动中断而引起的。多见于饮食内容以高蛋白食物为主或者长期服用止泻药、泻药的人。

肠的蠕动是决定排便快慢的关键

我们先来了解人从吃进食物到排便的过程。

消化系统的构造

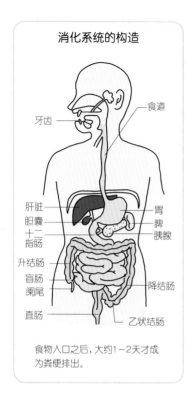

食物入口之后,大约1～2天才成为粪便排出。

三分之二的大便是由水分构成的

大便不仅仅是食物残渣,其中约三分之二是水分,剩下的三分之一是食物纤维和从肠壁上脱落的细胞、肠胃的分泌物、大肠内生活的细菌的尸体等。

所以,水分不足时,粪便就难以形成。

健康的粪便呈香蕉状或螺旋状

大便因肝脏分泌的胆汁色素的作用而呈现茶褐色。

理想的粪便呈土黄色的香蕉状或者像挤出的牙膏一样的螺旋状。如果是黑色,则有可能是胃肠的某处出血,或者大肠内有害菌过多、肠内环境变成碱性造成的。

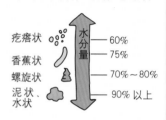

	水分量
疙瘩状	60%
香蕉状	75%
螺旋状	70%～80%
泥状、水状	90%以上

胃的作用

食物在口中被嚼碎,混合唾液后通过食道进入胃。

在胃中,胃液的盐酸以及胃蛋白酶将食物分解为可以吸收的状态。通过这一消化过程,食物变成粥状流入小肠。

小肠的作用

小肠是十二指肠、空肠和回肠的总称。人的小肠约长4～5米,肠壁有刷毛状的绒毛。

胃部运送来的食物在十二指肠中,由肝脏、胆囊、胰腺分泌的碱性消化液进一步分解。蛋白质分解为氨基酸,淀粉等多糖分解为葡萄糖,脂肪分解为脂肪酸,然后在空肠中开始被吸收,最后通过血管和淋巴管运送到全身。

食物经过小肠后,其营养成分被分解吸收,剩余部分被运到大肠。

大肠的作用

大肠由盲肠、结肠和直肠三部分组成。结肠又分为升结肠、横结肠、降结肠和乙状结肠。

大肠的主要功能是在结肠中吸收食物中的水分,通过蠕动使粪便向肛门移动,同时也能吸收少量小肠中未被吸收的营养成分。

食物从横结肠运送到降结肠时，已经变成渣滓，形成粪便的状态。

降结肠是暂时储存粪便的场所，当积累到一定量之后，就通过大肠的蠕动运动将其送入直肠。

粪便到达直肠后，会传递给脑部一个信号，于是产生便意，同时大肠开始剧烈地蠕动，以排出大便。最后，送入直肠的大便通过腹压的力量，在肛门括约肌放松后排泄出去。

蠕动运动主要是在早饭后，新的食物进入胃中的信号到达降结肠时开始的，这一反应叫做胃-结肠反射。除此之外，起床后或见到食物，大肠也开始运动。

产生宿便的三大原因

我们的身体有着非常精妙的结构，可为什么无法顺畅排便的人在不断增加呢？最主要的原因就是饮食结构有问题。

从古代开始，我们的饮食就是以糙米和麦、豆类等食物纤维较多的杂粮为主食，每日约摄入接近30克的食物纤维。菜以蔬菜为主。以现在的观点来看，以上均属于粗食。但是，随着饮食习惯的变化，我们的主食开始变成以精白米和面粉为中心，富含食物纤维的菜变得越来越少。据统计，近年来，人们一天三顿食物纤维的平均摄取量减到大约只有15克。

食物纤维不会被消化而是直接移动到大肠，能够增加粪便的量，使得排便顺畅。

而食物纤维很少、易被消化吸收的食物，产生的便量很少，使得粪便容易在大肠中停留很长时间。粪便中的水分被大肠过多吸收，就变成疙瘩状的硬便，难以排泄。如果强行排便的话，则有可能导致出血或引发痔疮，甚至因害怕排便而反复便秘，陷入恶性循环。

近些年，因减肥而造成便秘的情况在逐渐增加。饮食的量减少后，粪便量不足，自然会造成便秘。

另外，生活变得过于方便，活动身体的机会减少，也是便秘的原因。排便是通过肠的蠕动运动完成的，若是身体运动不足，肠道的蠕动也会变迟钝，特别是腹肌无力时，更易发生便秘。

尤其是女性，其腹肌力量原本就不足，随着年龄增加会变得更弱，所以，更应养成经常锻炼腹肌的习惯。

再有，一个不可忽视的原因，就是压力。精神状态能在相当程度上左右排便的情况。当感受到强大

摄取过多的肉、蛋、奶易招致便秘

欧美型饮食往往大量摄取肉、鸡蛋和牛奶，这些食品几乎都被消化吸收，残渣很少，易导致便秘。

有报告说，食肉较多的美国人，肠道又硬又短，故功能很差，而且皱褶很多，粪便易牢牢附着在上面。

近年来，欧美人也注意到了这点，开始注意增加食物纤维的量。

精神压力时，自律神经将无法顺利工作，于是大肠痉挛，出现腹痛、腹泻、便秘等排便异常情况，这种现象被称做"肠易激综合征"。

为了应付强大的压力，保持良好的精神状态，请尽量不要过于疲劳，即使在与人交往中出现了不顺心的事情，也要学会巧妙地调节情绪。

这些都是引起便秘的原因，有没有你符合的项目呢？

水分不足　不吃早餐　运动不足　食量不足　食物纤维不足　忍耐不排便　药物的副作用　紧张、压力

女性易患便秘与激素有关

很多女性在快来月经时就容易便秘。

这是排卵日到月经开始时所分泌的黄体酮起作用的结果，黄体酮分泌后，女性身体就开始努力蓄积营养，从而抑制排泄能力。

这一激素还有减弱大肠蠕动运动的作用。黄体酮分泌时（高峰在月经前一周）容易导致便秘，因此请注意饮食结构，在此阶段可适当多摄取食物纤维。

宿便是癌症的温床

患了习惯性便秘又不加以治疗，会怎么样呢？

首先，大肠内细菌的比例会改变，有害菌会增加。我们的肠道（主要是大肠）中，约有100种肠内细菌，它们以食物纤维等在胃和小肠中无法消化的物质为食物而生存繁殖。

以乳酸杆菌为代表的有益菌与以大肠杆菌和梭状芽孢杆菌为代表的有害菌在肠道共生，健康的人有益菌占优势，但是当身体出了问题，长期持续便秘时，有益菌和有害菌的平衡就会被破坏。

吃过多肉制食品后，粪便中的蛋白质在腐败菌的作用下，会产生种种毒素。这些毒素与血液一同在体内循环，会引发头痛、紧张、肩膀酸痛、皮肤粗糙、高血压等不适症状和疾病。其中最为可怕的是，发生癌症的概率升高了。

大肠癌要早发现早治疗

现在，我国患大肠癌的人数在激增，其原因在于饮食习惯的欧美化。事实上，在高脂肪、高蛋白、低纤维饮食盛行的欧美人中，大肠癌发病率就很高。

早期的大肠癌，其治愈率可高达95%～100%。当有出血、腹痛等症状时，大多已经发生了癌转移，所以每年一定要定期接受体检。此外，出现大肠癌后，会有如下危险信号：

· 排便困难，用力时疼。

· 便中带血或者黏液。

· 出现腹泻或残便感，排便不顺。

· 中年男性出现贫血、恶心等症状。

· 腹部能摸到硬块。

食入大量脂肪后，为了消化脂肪，胆汁酸的分泌量会增加，胆汁酸在平衡遭破坏的肠内细菌的作用下，会变成致癌物质。致癌物质与粪便一起，长期在大肠内停留，刺激肠壁，发生大肠癌的概率会增加。

另外，乳酸杆菌较多时，肠内pH值约为6，是呈酸性的。而乳酸杆菌较少时，pH值接近7，为中性，杀菌力也会减弱，外部侵入的大肠菌在这种环境下容易增殖。

好的生活习惯是治疗宿便的根本

为习惯性便秘所烦恼的人，多有依赖泻药的倾向。但专家强调，经常使用泻药，效果会渐渐变弱，且容易引起脱离药物就无法排便的药物依赖。另外，灌肠和肛门栓剂也易使患者形成依赖性，同样有副作用。

为了治疗便秘，改变生活和饮食习惯才是最根本的。

首先，记录下一天的行动和饮食内容，然后试着努力在自己力所能及的范围开始慢慢改变吧。

运动不一定非要从特别的事开始，还可以认真地做家务，尽量减少使用汽车和自行车而多步行等，从而逐渐养成每天多活动身体的习惯。运动的重点在于长期坚持，因此，从自己觉得有趣的运动开始吧。

习惯活动身体之后，不妨经常进行腹肌运动，比如早上起床时，夜晚睡觉前，即使时间很短，也要每天坚持。

饮食方面，要有意识地多食用海藻类等富含水溶性食物纤维的食物及谷物、根菜类等富含不溶性食物纤维的食物。

另外，有些工作忙碌的人经常不吃早饭。为了治疗便秘，请养成吃早饭的习惯。

中药的泻药真的无害吗

许多焦虑的女性会滥用泻药和止泻药，这很令人担心。

在便秘时服用泻药，失去药效后又使用刺激性更强的药物，如此不断升级，导致腹泻。于是又开始服用止泻药，结果又变成便秘……反复不断，恶性循环。

很多人认为中药效力温和。其实根据药物的不同，有些中药刺激性也很强。不要仅凭个人判断就轻率地服药。寻找发生便秘的原因，并消除这一原因才是消除便秘的捷径。

舒适的厕所有助于排便

便秘的人，入厕后经常要花很长时间。可以试着改变一下厕所的环

让厕所成为你喜欢的场所

境，以便心情舒畅，顺利排便。

尤其是寒冷的冬天，如果厕所中又冷又不舒服，即便有便意也忍着不去了。

首先要保持厕所的清洁，还可以试着装饰有香味的花，安上取暖设备，将坐便器换成有自动清洗功

强忍便意是习惯性便秘的开始

人类与其他动物不同，即使感到便意也可以忍耐。

但是，由于这一原因，不少人发展成习惯性便秘。经常强忍不排的话，会使人渐渐失去便意。

工作地点和住宅相距很远的人，在上下班途中即使想去方便也不得不强忍着，这正是越来越多的人发生习惯性便秘的原因。

在上下班高峰期中途下车是需要勇气的，所以，请尽量留出中途下车去方便的充足时间。

能的，使人一进去就有想多待会儿的心情。

此外，即便早上没有便意，也要养成早餐后入厕的习惯。

疾病造成的便秘，要及时治疗

便秘有时是因为其他疾病造成的。比如，大肠中有肿瘤等障碍物、大肠粘连、胃部的幽门狭窄、糜烂性胃炎以及周围其他脏器的疾病，只要大肠受到外部的压迫，就难以排便。

如果便秘的情况一直持续，请尽早去医院就诊，及早治疗疾病。

此外，有些便秘是药物的副作用引起的。比如，为治疗胃溃疡而使用的 H2 受体拮抗剂，以及降压药、气管扩张药等。对于由该种原因引起的便秘，请和医生商量对策。

消除宿便的 7 种食物

富含食物纤维的杂粮
＊ 将废弃物带出体外的主力

食物纤维和蛋白质、脂肪一样，也是营养素之一。不过和其他营养素不同的是，它在通过胃肠道时不被消化吸收。也就是说，食物纤维只是大便的组成材料。

其中不溶性的食物纤维，有很强的吸水作用，它在大肠内，将废弃物及其周围的水分，还有致癌物

质都加以吸收，所以像海绵一样膨胀，形成软便。在排便时，不必使太多力气，就可以顺畅地排泄了。

而水溶性的食物纤维，有黏滑的性质，所以能够不伤害肠壁而排便。

此外，任何一种食物纤维都是肠内有益菌的食物，有助于有益菌的增加。

每天的摄取标准是 20～30 克

为了形成良好的大便，每天应该摄入 20～30 克的食物纤维。

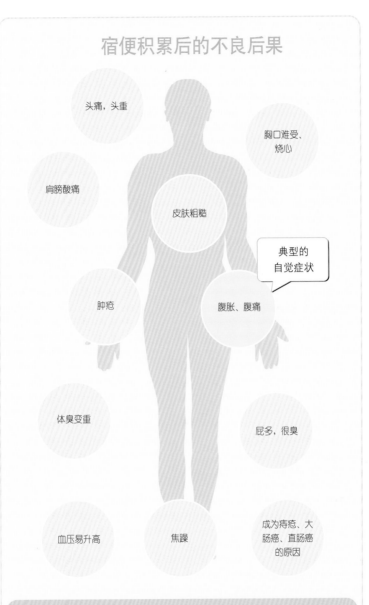

宿便积累后的不良后果

头痛，头重

胸口难受、烧心

肩膀酸痛

皮肤粗糙

典型的自觉症状

肿疱

腹胀、腹痛

体臭变重

屁多，很臭

血压易升高

焦躁

成为痔疮、大肠癌、直肠癌的原因

宿便的表现
· 粪便随着日子增加颜色变深，便秘3天以上，粪便就会变得很黑。
· 血压高的人便秘后，血压不断上升。
· 若因痔疮或大肠癌、直肠癌而出血，需要做便潜血检查等精密检查。

为了达到这一标准量,食用杂粮是方法之一。少吃精白米和精白面粉,而多食用糙米和胚牙精米,以及玉米、小米、大麦、小麦皮(米糠)和麦粉(黑面包的材料)等杂粮。

根菜类和海藻类中食物纤维较多

纤维较多的食品有糙米和小米等谷类,牛蒡和胡萝卜等根菜类,豆类,薯类,羊栖菜和裙带菜等海藻类。

食物纤维较多的食品（100克中）

食物名	水溶性（克）	不溶性（克）	总量（克）
琼脂块	无法区分是否为水溶性		74.1
糙米	0.7	2.3	3.0
胚芽精米	0.3	1.0	1.3
红薯	0.5	1.8	2.3
四季豆	3.3	16.0	19.3
大豆	1.8	15.3	17.1
红豆	1.2	16.6	17.8
纳豆	2.3	4.4	6.7
干羊栖菜	无法区分是否为水溶性		43.3
牛蒡	2.3	3.4	5.7
胡萝卜	0.7	2.0	2.7
菠菜	0.7	2.1	2.8
苹果	0.3	1.2	1.5
干香菇	3.0	38.0	41.0
鲜香菇	0.5	3.0	3.5
萝卜干	3.6	17.1	20.7
芝麻	1.6	9.2	10.8

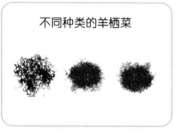

不同种类的羊栖菜

让人感到意外的是,像莴苣、甘蓝、黄瓜等可以生吃的蔬菜中,食物纤维的含量并不多,不适合用于治疗便秘。

表中所列的富含食物纤维的食品,不要偏食其中一种,要尽量混合食用,以保持平衡。

--- 健康关照 ---

如何检查是否缺乏食物纤维

通过检查每天的排便情况,可以粗略地知道是否摄入了充足的食物纤维。每天一次,每次排出150克左右(一根香蕉的量)的软便,就算合格了。而食物纤维的摄取量越多,排便量也会越大,而且便中的气泡也会增多,使大便变得更轻。

水 ✳ 使大便变软，易被排出

大便太硬，排便时容易出血，常令人因此而逃避排便。所以，使大便变软很重要。

为了使大便变软，除了充分地摄入食物纤维，多饮水也很有效。

诀窍是，早上一睁开眼睛就立即喝水。喝下的水分80%被小肠吸收，10%被大肠吸收。身体在还没进入活跃状态前，会有部分水分进入粪便中。而起床后，经过一段时间，水分就被小肠吸收了。比较适宜的量是每天清晨两杯水（约500毫升）。

喝不下那么多水的人，也可喝牛奶和果汁等口感更好的东西。比起温水，冷水更能刺激肠道，因此也更有效果。

早上起床后立刻喝水有助于消除便秘

水促进肠的蠕动运动

促进排便的关键在于胃-结肠反射。

当食物到达胃中时，结肠会收到信号开始蠕动。胃-结肠反射在早晨睁开眼睛后是最佳时期，在此时喝水，能够有效地促进反射。

这并不是说喝水促进肠蠕动后，就可以不吃早饭了。不吃早饭会减少一天的食物纤维量，因此，为了消除便秘，一定要好好吃早饭。

谷物、豆类 ✳ 刺激肠道，排便更快

丰衣足食的现在，我们有必要改变对糙米营养价值的看法。比起精白米，它含有4倍于精白米的食物纤维、维生素 B_1 和维生素 E 等。

如果将谷物、豆类作为主食的话，就能确保解除便秘所必要的量。不习惯食粗粮的人，可以将粗粮和精白米一起混合食用。此外，早餐的时候，可以用粗粮煮粥喝。

米的种类不同，纤维量也不同
（100 克中）

糙米3.0克　胚芽精米1.3克　精白米0.5克

大豆可降低患癌概率

四季豆、红豆、豌豆等都富含食物纤维，经常食用可以从中获得充分的优质植物蛋白和维生素类。

通过摄取食物纤维，增加便量，刺激肠道，有助于排便顺畅，致癌物质也能更快排出体外。

大豆又被称为"素的肉"，其中除了含有大量食物纤维外，还含有

肠内有益菌的代表乳酸杆菌的食物——寡糖。

肠内细菌分为有益菌和有害菌两类，健康人体内是有益菌占多数，而如果持续便秘的话，有害菌就会占优势，甚至可能生成致癌物质。多吃大豆，能促进乳酸杆菌的繁殖，从而降低患癌的概率。

另外，有人认为泡发大豆是件很麻烦的事，其实很简单。夜晚睡觉前把大豆放到盐水中浸泡，等到早上捞出将其煮到用指头可以压碎的程度就好了。

海藻类 * 黏滑性令排便时不伤害肠壁

海藻类对付便秘的有效成分就是食物纤维。

与根菜类中含有较多难溶于水的纤维相对应，海藻类的纤维是水溶性的。这两种纤维都不能在肠内消化。海藻类的纤维溶于水后，膨胀的同时黏性也增强，有使大便软化的作用。

海藻的黏滑性是因为含有多糖成分。这种易溶于水的细小纤维扩散到水中后，就形成黏液。

海带、裙带菜、羊栖菜等褐色海藻中所含的纤维被称为褐藻酸，与水果中的果胶以及魔芋中的葡甘露聚糖很相似。

除此之外，石花菜和发菜中所含的琼脂也是食物纤维。近年来，因抗癌作用而广受瞩目的藻聚糖和角叉菜胶，也和它们是同类。

海藻的种类和食物纤维的含量（100克中）

石花菜	47.3克
干羊栖菜	43.3克
绿紫菜	38.5克
烤海苔	36.0克
海带芽	32.7克
海带	27.1克
调味海苔	25.2克

富含食物纤维的羊栖菜

海藻中，羊栖菜的食物纤维含量是较多的。

其含量为牛蒡的5倍，除此之外，它还含有丰富的铁、钙和镁。羊栖菜和大豆、油豆腐、萝卜、藕等一起煮的五味菜，可以作为常备菜而经常食用。

羊栖菜有干燥后的和新鲜的两种，不过营养价值几乎完全相同。

买新鲜羊栖菜时，最好选择黑色有光泽、有一定程度膨胀的那种。

琼脂使胆固醇随着粪便排泄掉

以海藻的同类石花菜为原料制成的琼脂，含有丰富的食物纤维。

琼脂中所含的食物纤维是水溶性的，在小肠中能形成具有黏性及保水力的魔芋般的物质，且能将胆汁内多余的脂肪酸和胆固醇包裹起来，与富含水分、柔软的大便一起顺畅地排出。

水溶性的食物纤维在琼脂中会与粪便一起排出。琼脂无香味，淡白色，与点心、肉、鱼、蔬菜等搭

怎样充分摄入食物纤维

★推荐饮用果冻饮料

这种用琼脂制作的饮料,在电视和杂志上介绍后很受欢迎。

琼脂在超市就能买到,制作方法很简单(参照图)。

果冻饮品的制作方法

1. 取一块琼脂用水洗净,沥干水分。

2. 将琼脂切碎,然后和100%纯果汁一起放入搅拌机。
3. 搅拌20秒后,即可食用。

100克琼脂中含有74.1克食物纤维,在人体内能吸收相当于纤维本身重量250倍的水分而膨胀,进而刺激肠道,促进排便。

琼脂还有助于预防糖尿病和肥胖,有些医院将它作为医疗食品,事实证明确实有效。

★加入食物纤维的健康食品是否安全

现在,市场上出现了很多食物纤维饮料,其主要成分并非天然的食物纤维,而是被称为葡聚糖的化学合成品。虽然其安全性已经得到认可,但是要注意,食用过多该类食品会引起腹泻。

腹泻后,消化液中所含的钙、镁等矿物质也会被连同粪便排泄出来,从而有可能引起矿物质缺乏症。因此,千万不要因图方便而过量饮用。

配在一起是很好的平衡膳食。

苹果 * 既可治便秘,又可治腹泻

"每天一苹果,医生远离我。"这是欧洲流行的一句俗语。可见,苹果是营养价值很高的水果。

对于便秘有效的是苹果中所含

苹果主要的营养成分(100克中)

热量	54千卡
不溶性食物纤维	1.2克
水溶性食物纤维	0.3克
钾	110毫克
维生素C	4克
胡萝卜素	21微克

的食物纤维，包括水溶性和不溶性两种。

被称做果胶的水溶性纤维有很强的持水能力，它能吸收相当于纤维本身重量30倍的水分。而且和琼脂中所含的纤维一样，它会在小肠内变成魔芋般的黏性成分，苹果酱中稠糊糊的成分就是果胶。

实验证明，苹果的果胶能增加肠内的乳酸菌，因此能够清洁肠道。

苹果中不溶性的食物纤维有纤维素、半纤维素和木素等，能够使便量增加。

吃苹果最好不削皮

果胶大部分聚集在皮中以及皮附近。

果胶不仅会增加便量，在腹泻时还能吸收水分，使大便保持一定硬度。

因此便秘时吃苹果不要削皮，而在腹泻时，吃削下来的苹果皮更有效果。

苹果最好连皮一起吃，即使削皮也尽量削薄些。

酸奶 * 促进有益菌增殖，减少毒素

在牛奶中加入乳酸菌，便之凝固所制成的酸奶，与食物纤维一样，都是习惯性便秘者不可缺少的食品。

大肠内堆积了无法排泄的粪便之后，梭状芽孢杆菌等有害菌会增加。有害菌使肠内的氨基酸腐坏，生成有害毒素和致癌物质。制酸奶时使用的乳酸菌，能够促进有益乳酸杆菌的增殖，抑制有害菌的繁殖。同时，乳酸菌还有提高免疫力和杀菌的作用，使大肠杆菌O157等难以繁殖。

不过酸奶中所含的乳酸菌，效果不持久，所以应每天都喝。

市场上也有专门加强乳酸杆菌的酸奶和乳酸饮料出售，这类食品促进排泄的效果更好。还可以从食品店中购买乳酸杆菌的粉末，加入普通的酸奶中，这样也能加强效果。

另外，肠内的细菌环境会随着年龄的增加而变化。用母乳喂养的

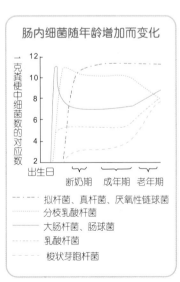

肠内细菌随年龄增加而变化

一克粪便中细菌数的对应数

出生日　断奶期　成年期　老年期

------- 拟杆菌、真杆菌、厌氧性链球菌
········· 分枝乳酸杆菌
——— 大肠杆菌、肠球菌
－－－ 乳酸菌
－·－·－ 梭状芽胞杆菌

婴儿，肠内97%~99%的细菌都是乳酸杆菌，断奶后会减至10%~20%。

老年人肠中的有害菌比有益菌要占优势，所以年迈且有习惯性便秘的人，要多食用酸奶。

富含寡糖的食物 ∗ 有益菌的食物

寡糖因能使乳酸菌增加而广受关注。

该成分存在于大豆、蜂蜜、洋葱等自然食品中，又被称为"低聚糖"。我们把葡萄糖和果糖这些无法再分解的最小单位的糖称为单糖，而寡糖是由两个以上单糖所构成的。

根据其原料的不同，功效和名称也各不同。比如，大豆中所含的是大豆寡糖，洋葱、芦笋和牛蒡中含的是果寡糖。除此之外，还有乳果寡糖、半乳糖寡糖等。它们共同的特点是：不能被胃和小肠吸收，会到达乳酸菌所在的大肠，成为其食物；不会成为在大肠内产生毒素的有害菌的食物。

为了增加体内的乳酸菌，最好保证每天摄入寡糖5~10克，相当于一个洋葱所含的寡糖量。市场上出售的加入低聚糖的甜味料，可以试试看。

健康关照

乳酸菌生命脆弱，需要经常补充

要使大肠内的乳酸菌增加，补充食物纤维、乳酸菌和寡糖等是非常必要的。

这么一来大家也许会想，直接食用乳酸菌或者含乳酸菌的食品不就得了。可惜的是，食入的大部分乳酸菌都被胃酸杀死了，能到达肠中的只有很少一部分。

不过，市场上推出的乳酸菌胶囊，可以防止胃酸的伤害。

简单易行的其他疗法

腹肌运动 ∗ 加强排便的力量

腹肌无力和便秘有着密切的关系。

即使食物纤维很多、情况良好的大便顺利到达直肠，如果腹肌力量极弱而无法提高腹压，仍然无法将大便排泄出来。

即便腹部皮下脂肪很多，通过

坚持锻炼，也可以渐渐获得腹肌力量，重要的是要每天坚持。

结合自己的身体状况，选择适合自己的腹肌运动很重要。

坐下，并拢伸直双腿，并抬起约30～50厘米，慢慢数10下后放下，反复2～3次。

坐下，伸直双腿，双手撑在身后，抬腰，身体伸直，落腰，反复10次。

在泳池中大幅摆臂，走30分钟。

按摩腹部 * 促进肠的运动

腹肌力量低下的人和只能卧床的老人，可以通过按摩腹部来促进肠的运动。

肚脐及其周围肌肉有很多促进自律神经功能的穴位，应该以肚脐为中心，轻柔地按摩。

在饭后2～4小时，食物已经从胃移动到肠部时，按摩效果最好。刚吃过饭、肚子很饱的时候，尽量不要做按摩。

另外，饭后身体向右侧卧，能加速食物的消化。

如果饭后要躺下，请一定右侧卧，这样会有助于消化。

以肚脐为中心，用整个手掌顺时针画圈按摩。反复轻柔地按摩数十次。

洗肠疗法 * 去除残留的粪便

从肛门注入温水，再将水排出，这种洗涤肠内的方法称为洗肠疗法。

洗肠疗法能够解除便秘和腹泻，调整肠内有益菌和有害菌的平衡，所以对预防大肠癌有疗效。

洗肠疗法在欧美的许多模特和女演员广被采用，体验过的人评价说洗净后肠变得轻盈了，肌肤也变得光滑了。

治疗的顺序如下：

1.侧卧在床上，将涂有润滑剂的用于注温水的管子插入直肠内5～6厘米。

2.身体仰卧，注入温水。

3.当到达一定程度后，通过插入肛门的管子将污水排出，反复几次。

在洗肠同时，可进行腹部按摩，通过温水和按摩的刺激使肠壁残存的粪便和肠壁衰老的细胞与温水一同排出。用后拔出插入肛门中的管子。当然，每次使用的器械都要消毒。治疗前没有饮食限制。

不过，洗肠疗法要进行数次之后才能奏效。

利用简易的器具在家中洗肠

现在市场上有安装于家中厕所的简易洗肠器具，作为医疗用品出售。

(如下图)在附带的水罐中放入6升温水，将与水罐相连的管插入肛门，注入温水，排出，即可洗净。

注意：购买前有必要先取得医生的指导意见。

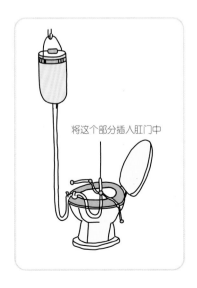

将这个部分插入肛门中

断食 * 使肌体细胞复苏

断食是指一段时间内不摄取任何食物。

虽然断食对于病人和体弱者是不宜进行的，但是对于平时吃进过多脂肪性食物和饮食过量的人来说，则可以通过偶尔的暂时断食使胃肠等消化器官好好地休息一下。此外，还可使失去平衡的自律神经的功能恢复正常。

根据断食疗法医师的报告证实，体内的有害化学物质确实可通过断食法排泄出来。

断食除了可以将陈积的粪便排出，恢复肠的力量，还有如下多种效果。

断食的好处

排出体内毒素
减轻体重
使消化器官休息
缓解压力
使头脑清醒
断食后，饭量会减少
促进植物神经的平衡

在专家的指导下断食

断食在古代是宗教含义很浓的行为，而近年来被更多的现代人用来恢复身心健康。

断食期间不食用任何东西，但是水分却是必须充分摄入的。为了预防脱水，同时促进身体净化，应充分摄入水、茶、果汁或者清汤等。

需要提醒的是，断食必须在专

家的指导下进行，仅凭个人判断而断食多天是危险的。

暴食暴饮使断食前功尽弃

断食刚结束时，最能深切地感受到饮食的可贵。

于是，有人在断食之后狂吃一气，反而损伤了肠胃。

持续三天以上的断食，胃会缩小一些，因此应注意逐渐增加饭量。

此外，断食后应该养成充分咀嚼的习惯。吃得快是吃得多的根源，充分咀嚼后，即便食物量较少也很容易获得满足感。在肚子八分饱的时候，就应停止进食，让身体渐渐习惯少量饮食。

安全而有效的周末断食

无法抽出时间去专业机构进行断食的人，可以试试利用周末一天断食。半天或者一天的断食，没有专家指导也可以在家中放心地进行。

断食前，必须注意要设置一个准备阶段。断食结束后，应该渐渐地恢复到通常的饮食。而且，中途如果胃不舒服的话，应该立即停止，喝一些米粥之类不会对胃造成负担的东西。

一天的断食成功之后，可以在每个周末试着断食。在反复多次之后，人体会因断食和少食而获得好心情和身体的舒适感，而饮食等生活习惯也就自然地得到了改善。

如何在周六进行断食

周五的晚饭尽量在8点钟以前吃完，而量也比平常要少。

星期六

在周六断食的当天，一天之内只摄入2升左右的水或等量的茶、饮料等，生活方式则无特别限制。

星期日

断食结束的周日，开始的第一餐很关键，应吃些燕麦粥之类好消化的食物，慢慢咀嚼，而且只吃一碗。午饭和晚饭也要比平时少，尽量吃清淡的食物。

消除淤血，预防子宫肌瘤

淤血导致多种妇科顽疾

我们这里所说的"淤血"，是东方医学中常常提到"血行不畅"、"淤血凝滞"的状态。

寒冷、过度减肥、饮食过量、长期压力过大等因素，会导致血液循环不良。而血液担负着向全身的细胞运送营养和氧气，排出废弃物、二氧化碳的工作。血液循环不良时，必需的物质无法运抵细胞，废弃的物质堆积，会使得细胞无法完成其本身的功能。一旦各个器官的细胞发生这种情况，就会导致免疫力降低，从而引发多种疾病。

尤其是女性，易表现为痛经和月经不调等形式。此外，像手足发冷、全身发烫、上火、贫血、肩膀酸痛、便秘、头痛、头重、眩晕、皮肤粗糙等，大多也是因淤血引起的不适症状。东方医学将这些称为血道症。

大家很容易认为这并不算什么严重的症状，但是积累之后往往会发展成严重的疾病。因此，如果有类似症状，千万不要置之不理，应当尽早查明原因，并加以消除。

女性的偏头痛和肌肉收缩性头痛

半侧或者整个头部产生一阵阵像脉搏跳动一样痛的症状，被称为偏头痛。它多发生在经期或月经前数天之内。过度疲劳和压力也容易引发偏头痛。

肌肉收缩性头痛常会伴有肩膀酸痛而逐渐加重，还会因雨天等天气原因、过度疲劳和强烈紧张而引发。

不管是哪一种头痛，如果伴随有眼圈发黑、嘴唇、牙龈、指甲颜色呈暗紫色等症状，就可能是因淤血造成的。

淤血是中医擅长的领域，建议去看中医。

形成淤血的三大原因

·寒症

寒症不只限于冬季的寒冷时期，夏季在空调房中或者湿气很重的房间内，以及吃使身体变冷的食物等，都可能引起身体受凉。

身体容易受凉的部位有手脚、腰和腹部。末梢的静脉和毛细血管内的血液向心脏回流不畅，就会引起淤血。新的温暖的血液无法流到手脚等部位，身体就会渐渐变得冰冷。

为了避免手脚冰冷，需要通过运动或按摩等方式来促进血液循环。

腰和腹部易受凉，是因为散发热量的内脏很少，而且不像手脚一样常有肌肉运动。一旦受凉后，血液积存在毛细血管中，流速变慢，呈现淤血状态，会进一步使身体变得冰冷。

·压力

对自律神经有重要影响的压力与寒症也有关系。自律神经有控制呼吸、消化吸收和收缩、扩张血管的作用。在正常情况下，人在紧张的时候是交感神经发挥作用，放松的时候则为副交感神经发挥作用，不受个人意志左右。但是，因经常熬夜造成生活没有规律，或者因为工作和社会关系而长期承受身心压力的人，以上两种神经的功能切换往往无法正常进行，就会出现自律神经失调症，导致身体变冷。

这种情形在女性当中出现的几率尤其高，因为女性体内激素的平衡会呈现周期性地变化，这对于自律神经也有很大的影响。相对男性而言，女性中患寒症的人更多。

自律神经失调症

当交感神经和副交感神经的功能切换无法顺利进行时，就会出现头痛、目眩、失眠、寒冷、心悸、便秘、肩膀酸痛、上火等多种不适的症状，这些症状统称为自律神经失调症。

·饮食过量

摄入过多富含动物性蛋白质和脂肪的食品，血液中胆固醇就会增加，血液也变得黏稠，而且坏胆固醇会令血管壁变厚，使血液循环更加不畅。

自我评估是否有造成淤血的生活习惯

自我评估

寒症

压力

饮食过量

血流不畅导致内脏功能低下

淤血状态在全身的任何部位都有可能会发生，不同的人，出现的部位以及方式往往都不同。如果经常过度使用身体某一部位，这一部位的抵抗力就会慢慢变弱，血液也容易停滞，于是疾病就极有可能在那里发生。不过，由于每个人天生的体质不同，即使每天做相同的事情，有的人会生病，有的人却不会。此外，生活环境对其也有影响。

前面已经指出如果放任淤血状态不管，易引发痛经、月经不调、肩膀酸痛、便秘、头痛等症状，另外，血液循环的恶化还不只限于这些症状，它甚至还会成为胃肠、肾脏、肝脏、心脏等器官功能低下以及脑血管功能障碍、免疫力低下、关节痛等疾病的源头，只不过发病所需的时间因人而异。

虽然在年轻女性中发生痛经和闭经等月经不调是常有的事，但对于20～30岁的女性，除妊娠期以外的闭经都是不正常的。因此，如果长期对此症状置之不理，就有可能发展成子宫肌瘤和子宫内膜异位症以及引起严重的更年期障碍。

此外，多见于女性的习惯性头痛，其实常常是脑血栓和蛛网膜下腔出血等的前兆症状。

女性容易出现的妇科疾病

子宫肌瘤
子宫内膜异位症

月经不调

严重的更年期障碍

很难彻底治愈的子宫内膜异位症

子宫内膜异位症是指本应只存在于子宫内的子宫内膜，却在卵巢、输卵管、腹膜等处增殖。

增殖的部位会按月经周期产生经血，血液积滞，并和周围的组织粘连，出现下腹痛、腰痛、月经过多、不正常出血等多种症状。

其病因可能与淤血有关，但现在医学界对此仍未完全了解。

消除淤血的根本之道

由淤血引起的头痛和肩膀酸痛等症状，在生活中很常见。有不少人一头痛和痛经就吃镇痛药，可是一旦养成过度依赖药物的习惯，会对身体造成更大的伤害。

其实，通过适度的运动、泡澡以及改善饮食等方法，是可以充分预防淤血的。比如平时容易身体发冷的人应尽量减少摄取寒性食物。这些寒性食物包括夏季常见的茄子、黄瓜、西红柿等。特别是寒冷的冬天，要尽量避免吃夏季蔬菜做的沙拉。

另外，有些药物也会造成身体发冷，如抑制头痛、肩膀酸痛、痛经等的镇痛药，因此不得已而使用的时候，可以同时摄取能够温暖身体的食品。

从意识到压力那一刻开始消除压力

如果自我可以感觉到压力的存在，就能在一定程度上避免它、减缓它。但是有些时候往往是个体已经深受其害，但本人还没有意识到压力的存在。尤其是责任感很强的人，潜意识中就会觉得自己"一定要如何"，如此不断给自身施加压力，而自己却认识不到这就是压力，于是，失败后又会强烈地责备自己。

此外，搬家、调职、人事变动等环境变化，常常也会给人带来压力。即便是自己感到很高兴的事，但是因为与此前的生活有所不同，这种改变也有可能对身体状况产生影响。

"总觉得提不起劲"，"有点郁闷"，人在说这些话的时候，也许自己不觉得，其实此时此刻你正在受着某些压力的干扰。因此，不管是多么微不足道的事，首先要认识到这就是造成压力的原因。可以解决的事情就尽早解决，现在多想也无益的事情就干脆放下。如果实在找不到解决烦恼的办法，就不妨先活动活动身体，让自己暂时缓解一下紧张的情绪。

健康关照

空调房中防护足和腰是关键

夏季引起身体冰冷的一大原因，就是办公室中冷气过强。近几年，出现了"空调病"这样的名词，可见其对身体的伤害是很大的。它也是造成淤血的原因之一，所以一定要考虑防护对策。

我们的身体是顺应季节的温度而发生变化的。在外界气温很高的夏天，身体的温度调节机制会使身体自然降温，而在冬天则又会在一定程度上保持体温。

夏天，长时间待在开着空调的房间里，人的身体除了自然降温之外，还要接受空调冷气的强制降温，双重变冷的作用使身体易受到伤害，尤其是腰部。

腰部是身体中体温较低的部位，但是因为被衣服覆盖着，平时不容易觉得寒冷。但是如果长时间坐着工作，血液循环不良会使腰部容易受寒。人一旦感觉到受凉后，如果不及时运动腰部的肌肉，就会影响血液循环，严重的会造成淤血。

热敷袋能有效改善上述情况。大热天的用热敷袋，恐怕你会大吃一惊。但是在冷气太强的房间内，热乎乎地温暖一下腰部，感觉会很好的。不信可以试一试！

在冷气强的地方要注意防寒

需要长时间在冷气强的房间里停留的人，对于易受凉的腰部、脚部等要有防寒对策，并且要经常转一转脚踝，站起来伸展紧张的腰部。

对于同样容易受凉的脚和膝盖，可以用保暖护膝和毯子盖一下。

淤血积存后的不良后果

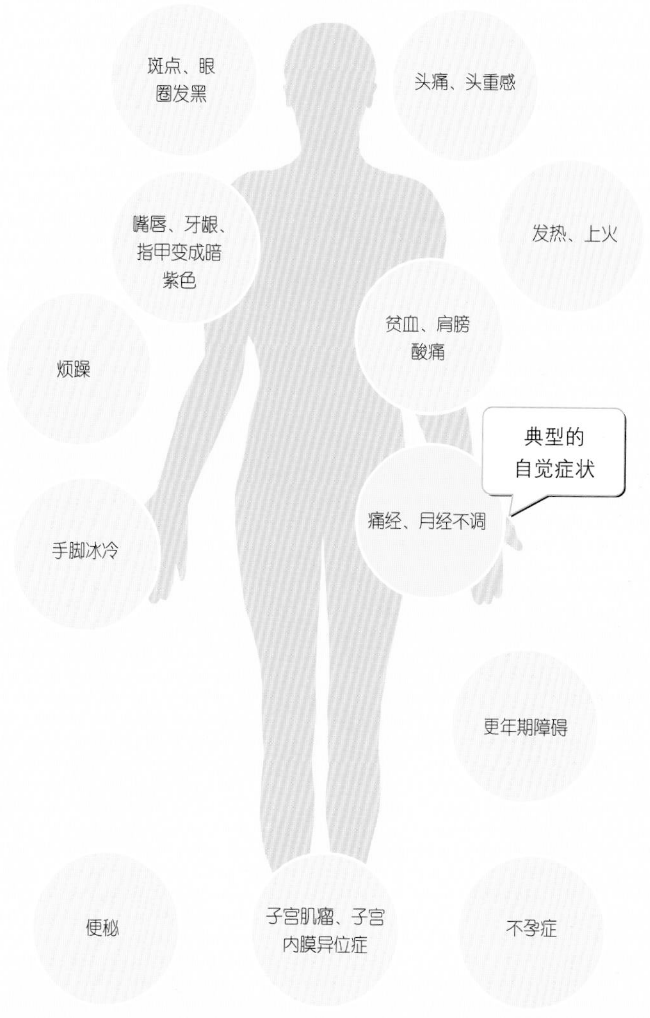

斑点、眼圈发黑

头痛、头重感

嘴唇、牙龈、指甲变成暗紫色

发热、上火

烦躁

贫血、肩膀酸痛

典型的自觉症状

手脚冰冷

痛经、月经不调

更年期障碍

便秘

子宫肌瘤、子宫内膜异位症

不孕症

简单判断淤血

· 判断是否有淤血，有独特的诊查方法。仰卧，用中指和食指按压肚脐左下方。如果感到强烈的疼痛，甚至会痛到蜷成一团，就是有淤血的证据。

· 在妇科门诊检查出有子宫肌瘤或子宫内膜异位症。

常见的冷却身体与温热身体的食物

寒凉作用的食品	温热作用的食品
牛奶	天然盐
豆浆	梅干菜
醋	腌黄萝卜
植物油	腌鱼、腌肉等
白砂糖	咸明太鱼子
蛋黄酱	酱油
胡椒	奶酪
咖喱	肉类
含维生素C的食品（柑橘类、草莓类、黄绿色蔬菜、白薯等）	蛋类
	海鲜类
豆腐	含维生素E的食品（植物油、坚果类等）
茄子	根菜类（牛蒡、胡萝卜、藕、山药等）
西红柿	葱
豆芽	洋葱
叶菜类（芹菜、菠菜等）	韭菜
热带、温带的南方蔬果（香蕉、菠萝、芒果、柿子、黄瓜、柠檬、西瓜等）	大蒜
	生姜
糖果	辣椒
清凉饮料	米酒
啤酒	白酒
威士忌	
咖啡	

消除淤血的 7 种食物

生姜 * 温暖身体、减少胆固醇

生姜独特的辣味和香味具有药效成分。我国自古代开始就将其作为温暖身体的生药，用于寒症和感冒的治疗。

香味成分的姜油酮和辣味成分的姜辣素，能够使末稍的毛细血管扩张，令淤滞的血液顺畅流动，从而温暖身体，效果能持续 3～4 个小时。

此外，它可以促进发汗，活化新陈代谢，还有降低血压及减少胆固醇的功效。

近年来还有报告显示，生姜的辣味成分有抗癌的作用。其机制还没有得到完全证实，但据推测，可能与生姜能够防止遗传物质免受自由基伤害的功效有关。

另外，其所含的姜醇可以促进胃液的分泌，帮助消化。如此看来，一小块生姜，却能发挥极大的功效。

1 天 10 克的量比较合适

不管是对身体多么好的食品，吃得过多常常会导致相反的效果。生姜在促进血液循环的同时，发汗作用也很强，吃得过多，可能会打很多喷嚏，引起像感冒一样的过敏症状，或者有可能使身体上火、发烫。

每天摄取少量就可以发挥充分的效果，所以一天的量控制在 10 克左右就好（拇指大一块生姜约有 15 克）。

效力最强的是老姜

生姜大体可分为新姜、子姜和老姜三种。

新姜的当令季节是 6～9 月，而老姜作为新姜的种来使用，全年都有。

如果以缓解淤血症状为目的，请选有光泽、坚硬紧绷的老姜，其药效成分最高。

保存生姜时，不要放入冰箱，而要用报纸包好放在阴凉处。若长期保存，可以放在保鲜袋中冷冻，这样可以保存 1 个月。使用时不必解冻，直接切碎即可。

生姜是烹调的好配角

生姜可以用做佐料、配菜，或者做饮料中的香料。

具有很好的除臭、杀菌效果的生姜，是做肉、生鱼片及煮菜时必

· 姜茶
在装了茶叶的茶壶中,加入2~3片姜片,或在奶茶中加入2~3滴姜汁。
· 姜汤
取二分之一匙生姜榨的汁,加入适量红糖,注入热开水。加些少量淀粉,口感会更好。

不可少的。不过香味在弱火下长时间加热会挥发,为了保留香味,可在做菜的最后加生姜。

生姜的香味和清淡的菜很配。作为佐料,放在豆腐和面条中食用,与紫苏和葱这些同样有暖体作用的食物一起吃,更有效果。

身体易发冷的人或处于感冒初期的人,最好多喝些姜茶或者姜汤。

胡萝卜 * 促进血液循环,温热身体

胡萝卜是黄绿色蔬菜的代表。β-胡萝卜素的各种药效令许多物质望尘莫及,对于眼睛疾病,皮肤粗糙,肝脏、心脏或胃肠机能低下,肩、腰、膝部疼痛,痛经,自律神经失调症等多种症状,都有缓和作用。

二分之一个胡萝卜中所含的β-胡萝卜素,就可以满足一个人一天的必需量。除β-胡萝卜素之外,胡萝卜中钙、钾等的含量也很丰富。

胡萝卜主要的营养成分
（每100克中）

成分 \ 形状	带皮的新鲜胡萝卜	去皮煮过的胡萝卜
热量	37千卡	39千卡
胡萝卜素	9100微克	8600微克
钾	280毫克	240毫克
钙	28毫克	30毫克
食物纤维	2.7克	3克

胡萝卜全年都有出产,当令季节是冬季,此时产的胡萝卜营养价值最高,香味也醇厚。胡萝卜的营养集中在皮下部分,因此应连着皮一起食用,即使要削皮也尽量削薄一些。

胡萝卜和油性食品一起烹调,

更利于β–胡萝卜素的吸收。

每天做胡萝卜汁喝也很不错。取1~2根，不需削皮，切成小块放到榨汁机中，榨好后加入2~3滴橄榄油。加入苹果和蜂蜜，味道也不错。

养成每天喝胡萝卜汁的习惯，能使脸色红润，充满光泽。

葛 * 促进血液循环，安定自律神经

葛是含有丰富药效成分的豆科植物。

中药中的感冒药葛根汤，是用葛根煎过后的提取液，加生姜和大枣等制成的，发汗、解热的作用很强，可以排出体内不需要的水分，

莲藕葛根汤的制作方法

葛粉　　酱油　　莲藕

① 一匙葛粉，1~2匙酱油，带皮的藕，擦碎后取1匙，放入有150毫升热水的小锅中。
②一边加热，一边搅拌，煮到变得透明为止。

促使退烧。市场上出售的葛粉是葛根汤的成分之一，可以通过葛特有的发汗作用来温热身体。

另外，葛藤中所含的异黄酮，可刺激自律神经中的副交感神经，促进血液循环，对于肩和颈部的疼痛、腰痛、寒症、压力造成的情绪低落、高血压等都有效果。除此之外，还能够改善腹泻和便秘。

建议有寒症和哮喘病症的人，经常饮用在切碎的莲藕中加入葛粉的莲藕葛根汤。

注意：生粉和土豆粉的外观和葛粉很相似，真正的葛粉在加热后不会立即变透明，可以通过这点区分开来。

红花 * 促进血液循环，排出陈旧的血液

红花是在初夏盛开的鲜艳的橘黄色的花，可以作为染料和中药的原料。由于能有效改善血液循环、排出积滞的废旧血液，自古就被用于治疗月经不调、痛经和更年期障碍等妇科疾病。

它的果实榨成的红花油中，含有能够减少胆固醇的亚油酸，对于预防因血栓引起的脑梗塞很有效，同时具有保持血管弹性的作用。

花瓣干燥后制成的中药红花，可以在中药店买到，用它做成红花茶，或者混在沙拉和拌菜中也很美味可口。

红花茶有放松神经的效果，能够促进安眠。建议在就寝前饮用。

妊娠中和易出血的人不可使用

红花有很强的活血作用,可用于治疗妇科病。但平时月经血量很大的人最好不要饮用红花茶或酒等。

此外,红花对子宫有强烈的刺激,有使子宫收缩的作用,所以孕妇严禁使用。

杏 ＊ 消除寒症

杏的栽培始于公元前3000年,原产于中国。其果肉中含有温热身体作用的成分,对寒症很有效。

杏的营养价值很高,尤其是胡萝卜素的含量在水果中是最高的。另外,有降压作用的钾和防止动脉硬化的儿茶素的含量也较高。

杏除了可以生吃之外,还可做成杏干、果汁、果酱和杏酒等。如果觉得生杏的酸味太强,可以食用杏干。不过与生杏相比,杏干所含的果糖非常多,为高热量食品,注意不要吃太多。

对于因寒症而易于疲劳的人,

杏酒很有效。每天喝一小杯即可温热身体,改善顽固的寒症,又有滋养强壮的功效。

肉桂 ＊ 改善手脚和腰部的寒冷及痛经

原产于斯里兰卡及印度南部的肉桂,也被称为桂皮,顾名思义,是指剥下的肉桂树的皮。

肉桂的药效成分主要是肉桂醛,它除了对治愈手、脚、腰和腹部的寒冷有效,还有活化胃部功能、杀菌等作用。多种妇科病的中药处方中也加入了肉桂。

由于肉桂有使子宫充血的作用,妊娠中的妇女不可多用,但是尝一尝肉桂糖倒不用担心。

肉桂的用途

做点心中的甜味香料,增加香气及美味度。

在肉菜中作为调味品。

肉桂茶具有令人放松的效果。

杏酒的制作方法

①熟杏1千克洗净,擦去水分。
②冰糖200克,和杏一同放入广口瓶,加入1.8升白酒。6个月后取出杏,即可饮用。

肉桂有提高甜味的作用，因此可以在饭菜和饮料中加些肉桂粉和肉桂棒，也可以在红茶中加入肉桂香味制成肉桂茶，有助于转换心情。

咸梅干 ＊ 使污浊的血液恢复正常

咸梅干有丰富的药效，自古以来就备受珍视。

生的青梅几乎没有什么有效成分，但当它变成咸梅干之后，效果就不一样了。

咸梅干中主要的营养成分
（100 克中）

热量	33千卡
钾	440毫克
钙	65毫克
镁	34毫克
食物纤维	3.6克

人在摄入过多动物性蛋白质、脂肪和糖分后，血液会因污浊而变成酸性。但只要吃些碱性食品咸梅干，就可使黏稠的血液重生为正常的血液。

未精制的盐腌的梅干可以用来温热身体，其中的酸味成分枸橼酸有促进血液循环的功效。可以说，咸梅干是缓解淤血症状最合适的食品之一。

此外，它还是消除疲劳、伤食和晕车的特效药。

用咸梅干和生姜、酱油、粗茶一起简单制作的梅酱茶是对寒症有效的饮品，对头痛也有效果，可以替代镇痛药。最好选用只用盐腌的传统制法的咸梅干。

梅酱茶的制作方法

咸梅干　　生姜汁

酱油　　粗茶

①去掉咸梅干的核，捣碎，放入茶碗。
②加入一小匙酱油，2~3滴生姜汁，注入热的粗茶，充分混合。

简单易行的其他疗法

穴位按摩和瑜珈姿势
* 改善血液循环，温热足、腰

若想消除寒症，恢复良好的血液循环是关键。

这里介绍的穴位疗法对治手脚冰冷、腰酸和腰痛很有效；而瑜珈姿势可以消除骨盆内的淤血，对于月经不调和卵巢机能低下有效。

促进骨盆内血液循环的瑜珈姿势

①脚底正对着合在一起，两手握住大拇指，将脚跟引向耻骨，边吸气边伸直脊背。
②将下颌向前伸，边吐气身体边向前屈。肘贴着地面，接着把额头也贴近地面。自然地呼吸并保持这一姿势10~20秒。
③将下颌向前伸，边恢复①的姿态边呼气。由①到③共进行两次。

改善寒症的特效穴位

三阴交
脚内踝3横指上的胫骨边缘的凹陷处。用拇指指腹按压。

促进脚部血液循环的特效穴位

气冲
在大腿根部，耻骨边。将双手手指交叠，按压数秒之后再迅速离开。反复数次。

促进腰部血液循环的特效穴位

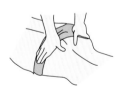

次髎
骶骨上方第二个凹陷处。用两个拇指缓缓揉捏。在次髎的上下方也有促进腰部血液循环的穴位，同样可以用手指按压。

半身浴、足浴 * 给自己温暖、体贴

短时间在热水中浸泡，即使当时身体很温暖，但很快又会变凉。较长时间在温水中泡着的半身浴却可以让身体内部也热乎乎的，也能改善血液循环。

利用身边的蔬菜水果享受药浴

药浴是将植物的药效成分通过皮肤摄入身体的治疗方法，可以激活新陈代谢，改善血液循环。

方法很简单，只要将含有温热成分的植物的叶、果实或皮煎的汁液加入洗澡水中，而如果是植物的清新的香味有药效，则直接放入即可。

身边有些蔬菜和水果具有温热效果，不妨试试可以让自己感觉舒服的东西。在感谢大自然的恩惠的同时悠闲地泡着澡，可以缓解紧张，消除疲劳。

半身浴

在38℃～40℃的温水中慢慢泡20～30分钟。如果肩膀觉得冷，可以披上浴巾。每天坚持会更有效果。

足浴

把脚泡在38℃～40℃的温水中，约30分钟。水变凉时，要再加足热水，上半身不要穿太多衣服。月经期和身体状况不好的人尤其适合足浴。

柚子浴
果皮中所含的芳香成分有温热效果。
可以切片后直接放入洗澡水中，也可放在棉布袋子中，这样就不会弄脏浴缸。除了柚子之外，用橘子、柠檬也可以。

艾蒿浴
形成淡淡清香的精油成分有温热效果。
取干燥后的叶两把，装在棉布袋中，放入浴缸。如果加水时放入，药效成分更易溶出。

萝卜叶浴
将含有温热成分的萝卜叶干燥后使用。
残留水分的叶子会有独特的香味，应在白天阴干，尽量去除水分后使用。干燥叶两把塞入棉布袋，放入水中。

生姜浴
取2～3个生姜，弄碎，煎汁放入泡澡水中。
干燥的生姜叶也有温热效果，抓两把放入棉布袋，加水时放入浴缸。

消除乳酸，预防慢性疲劳

乳酸是疲劳物质

身体沉重、肩膀和脖子酸痛、感到疲劳等，都是乳酸堆积的表现。

乳酸是疲劳物质之一，是在肌体运动和保持体温而消耗热量的过程中产生的废弃物。

另外，摄入过多热量而使代谢功能无法顺利进行时，也会产生大量乳酸，招致疲劳感。

乳酸过多会使本来呈弱碱性的细胞变成酸性，细胞的功能会被削弱，进而无法顺利摄入营养和氧气。乳酸如果充斥于静脉中，会使得血液循环不顺畅，血液偏酸性，结果出现肩膀酸痛、腰酸、发冷、头痛及头重感等症状。

如果再进一步发展的话，不仅细胞本身无法保持正常功能，引发风湿病等疾病，还会造成神经痛。

乳酸产生的过程

如果身体的能量代谢能正常进行，乳酸没有堆积，就不会引起种种障碍。

在这里，我们首先简单地看看乳酸是如何在体内生成的。

体内的热量代谢是分阶段进行的，控制乳酸生成的关键是枸橼酸循环。我们吃下的食物，通过在细胞中进行的称为枸橼酸循环的回路变成能量。

比如，米饭中的糖分被唾液和胃液分解，变成葡萄糖。葡萄糖被肠吸收后变成糖原，贮藏于肌肉和肝脏中，然后按照需要运送至各个器官燃烧，释放出热量。这一过程中会生成水和二氧化碳、丙酮酸。丙酮酸与氢结合后生成的就是乳酸。

如果枸橼酸循环能顺利进行，血液中的乳酸等疲劳物质就会迅速消失。这样，血液的黏度也会降低，能够顺畅流动。

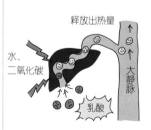

在肝脏中乳酸被分解

释放出热量

水、二氧化碳

大静脉

乳酸

乳酸通过肝脏的代谢路径，分解成水和二氧化碳，放出热量。此时疲劳就消除了。

要完成这一循环回路，充分的氧和营养是十分必要的，尤其是B族维生素。人体在缺乏氧和B族维生素时，枸橼酸循环是无法顺利进行的，于是乳酸就会堆积，产生种种不适。

使乳酸堆积的肌肉得到更新

为了消除疲劳和肌肉酸痛，就不能让产生的乳酸积累起来。

那么怎样才能消除乳酸呢？

乳酸堆积在肌肉中，可以通过肌肉中的血管，运送到处理乳酸的工厂——肝脏中去。

肌肉疲劳与乳酸

在做行走这样轻度的运动时，肌肉一边吸收氧气一边燃烧脂肪。

但是，短跑等剧烈的运动需要大量的氧。等待氧气由肺部送到肌肉中是来不及的。于是并非脂肪而是葡萄糖开始燃烧。燃烧的残渣就是乳酸。

持续剧烈运动，乳酸会在肌肉中蓄积，不久肌肉的伸缩作用就无法顺利进行，感到酸痛。

不过，麻烦的是积累乳酸的肌肉会发生收缩，这样会挤压肌肉中的血管，造成血液循环不良。

伸展体操能够改善这种状态。

当伸展肌肉时，受压迫的血管会恢复原状，这样就能保障血液循环的顺畅，堆积的乳酸也易被冲掉。

因此，为了避免乳酸堆积，最好经常活动身体，促进陈旧的血液和含有充分营养和氧气的新鲜血液的交换。

通过运动和饮食消除疲劳

人在感到疲劳时，有时会选用缓解疲劳的药物。需要注意的是，化学药品只能缓解一时的疲劳，如果持续同样的生活，还会积聚疲劳物质。

乳酸这种疲劳物质，在初期会引起肌肉酸痛和倦怠等症状。若长期对其置之不理，血液酸化，有可能发展成严重疾病。许多人利用休息日睡懒觉来消除一周工作的疲劳，其实这样往往会使乳酸在体内继续堆积。因此，正确的方法是适当运动身体，选择营养均衡而又清淡的饮食，加上高质量的睡眠。

矿物质和维生素能帮助消除疲劳

疲劳物质乳酸通过代谢功能分解后，疲劳就消除了。要使代谢功能正常运作，就必须使作为媒介的酶活化，因此需要铁和锰等矿物质和维生素 B_1 的参与。

无法消除疲劳，很可能是因为缺乏矿物质和维生素所致。

脑部疲劳

当人们觉得打不起精神、注意力难以集中的时候,说明人脑正处于疲惫状态。

脑的重量约 1.2～1.4 千克,仅占体重的 2%,但是消耗的热量却有 500 千卡。而成为大脑热量来源的只有葡萄糖一种。也就是说,大脑是偏食的贪吃者。

脑无法储备自身工作所必须的葡萄糖,因此必须经常补给。

葡萄糖在体内被完全吸收的时间,是在饭后约 4 小时,这之后则由肝脏中蓄积的糖原供给脑部。因为脑在睡眠中也要工作,所以到了早晨,晚饭中摄入的葡萄糖已经使用完,就开始消耗糖原了。

可见,如果人不吃早饭的话,脑子易缺乏能量,这样上午就不能好好工作,所以起床后要先给大脑供给营养。我们可以选择食用含有较多葡萄糖的食品,比如砂糖、蜂蜜、水果、米、面包等。同时,如果能再补给一些对于葡萄糖转化成能量有益的 B 族维生素就更完美了。

除此之外,能防止脑部生锈,提高脑活力的主要营养成分还有下面这些:

·维生素 C、维生素 E、多酚

脑部除去水分后,大部分都是脂质,它有易被氧化,也就是易"生锈"的特点。因此,充分摄取具有防止"生锈",即具有抗氧化效果的食品是非常重要的。

·胆碱、卵磷脂

蛋黄中所含的胆碱,能赋予脑细胞以活力,它对于阿兹海默症(早老性痴呆症)的治疗和改善很有效。大豆成分中的卵磷脂,是脑神经细胞的原料,能够提高脑的功能。

·DHA

青鱼中所含的能活化脑神经细胞的成分,对于预防痴呆有效。

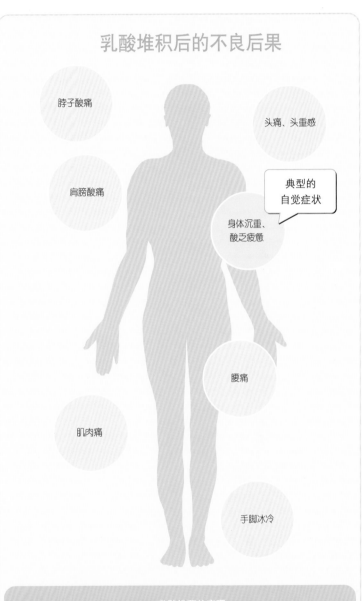

乳酸堆积后的不良后果

脖子酸痛

头痛、头重感

肩膀酸痛

典型的
自觉症状

身体沉重、
酸乏疲惫

腰痛

肌肉痛

手脚冰冷

乳酸堆积的表现

·肤色不好，看起来面色疲惫。
·通过血液检查测定的乳酸值超过了5毫摩尔／升，表明疲劳积存相当严重。健康人的乳酸值在1.5毫摩尔／升以下。

减少乳酸的 3 种食物

富含 B 族维生素的食物 * 消除疲劳必不可少的营养素

B 族维生素在热量代谢和消除疲劳方面发挥着超群效力。

糖类和脂质在转化成热量的时候，氨基酸会发挥酶的催化作用。而 B 族维生素对于发挥酶的功能来说，是必不可少的营养素。

人在缺乏 B 族维生素时，体内会产生大量的疲劳物质乳酸，使本来健康的弱碱性的血液变成酸性，引起肩痛和身体酸乏等疲劳症状，甚至发展成生活习惯病。

维生素 B_1 对于乳酸的分解是必不可少的，因此更应该注意不要让它缺乏。

猪肉富含维生素 B_1

猪肉中维生素 B_1 的含量约为牛肉的 10 倍，可谓活力食品。在里脊肉、五花肉和大腿肉中都含有维生素 B_1，但含量最多的是里脊肉。

维生素 B_1 有易溶于水的性质，所以在烹调上推荐用蒸猪肉的方式。若添加大蒜和葱作为佐料，其中所含的蒜素更可促进维生素 B_1 的吸收。

B 族维生素的主要功能

维生素 B_1
促进糖类代谢，消除疲劳，缓解压力
维生素 B_2
促进脂质代谢，消除疲劳，预防生活习惯病
维生素 B_6
促进蛋白质、脂质代谢，强化免疫力
维生素 B_{12}
防止贫血，促进血液循环
维生素 PP
促进蛋白质、脂质代谢
泛酸
促进能量代谢，防止动脉硬化
叶酸
防止贫血，促进成长
生物素
促进能量代谢，防止老化

猪肉中的主要营养成分
（每 100 克中）

成分　　形状	通脊肉（生）	里脊（生）
热量	150 千卡	115 千卡
维生素 B_1	0.8 毫克	0.98 毫克
维生素 B_6	0.38 毫克	0.42 毫克
维生素 B_{12}	0.3 毫克	0.3 毫克
维生素 PP	8.6 毫克	5.3 毫克

有效的组合

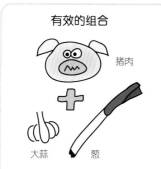

猪肉

大蒜　葱

大蒜和葱中所含的蒜素可提高猪肉中维生素B_1的吸收。

应每天摄取维生素 B_1

维生素B_1无法在体内合成，只有通过食物摄取。而对热量代谢中的糖代谢，它又是必不可少的重要维生素，特别是当主要热量来源依赖于糖类的时候，维生素B_1很容易产生不足，因此一定要注意及时补充。

维生素 B_1 含量较多的食物

猪肉　　鸡肉

鳗鱼　　干松鱼

大豆　　四季豆

糙米

醋（枸橼酸）＊ 使热量代谢更顺利

有些人累的时候喜欢吃醋泡菜，这是因为醋对于缓解疲劳很有效。

醋中含有的有效成分枸橼酸，对于产生热量以及消除疲劳的枸橼酸循环的顺利进行是必不可少的。

之所以这么说，是因为疲劳物质乳酸是由丙酮酸形成的。在枸橼酸循环中，丙酮酸和草酰乙酸结合后，参与这一循环。当草酰乙酸不足时，枸橼酸循环就无法顺利进行。

而枸橼酸有补足草酰乙酸的作用，对于枸橼酸循环回路来说是必不可少的成分。

当人体血液为酸性时，除了会供氧不足，使身体疲劳感增加之外，还会作用于脑的延髓，使人容易兴奋或烦躁。枸橼酸可以改善致病的酸性血液，使之恢复碱性。

枸橼酸还有分解乳酸的功能，对于因剧烈运动而引起的疲劳和肌肉痛，能有效消除。

含有枸橼酸的主要食物

柠檬　　橘子等柑橘类

食用醋　　咸梅干

富含天冬氨酸的食物
＊ 消除疲劳，增强体力

天冬氨酸是氨基酸的一种，存在于芦笋、豆类、甘蔗、肉类等食品中，尤其在豆芽和芦笋等易发芽的植物中含量较多。

天冬氨酸与热量代谢有关，能活化新陈代谢，除去乳酸等疲劳物质，还有增强体力、滋养强壮的效果，因此被广泛应用于许多抗疲劳口服液中。

此外，它还参与氮的代谢，可将有害的氨排出体外，保护中枢神经系统。

疲劳的时候，还是尽量不要依赖营养口服液，多吃些富含天冬氨酸的食品吧。

含有天冬氨酸的主要食物

绿芦笋　　豆类　　豆芽

梨　　桃　　肉类

简单易行的其他疗法

伸展体操 ＊ 促进血液循环，消除疲劳

长时间保持同一姿势伏案工作，会使乳酸堆积于肌肉中，使得肩膀酸痛、脖子僵硬。只要肌肉处于收缩状态，乳酸就会不断堆积。

所以，应该适当地做一些伸展运动，这样能够促进血液循环，加速乳酸的消除。

不管做哪一种伸展运动，都应当缓缓拉伸肌肉，而不要过于猛烈用力以至感到疼痛，否则会起反作用，造成肌肉损伤。

芳香疗法 ＊ 扩张血管，有效消除疲劳

从植物中提取的精油，大多含有多种有自然治愈力的成分。

一般的情况下，可以通过吸入香味作用于大脑，也可通过按摩和浸浴被皮肤吸收，再进入毛细血管和淋巴液，将有效成分输送到全身。

薰衣草和迷迭香等有镇静作用的精油，对于消除疲劳极为有效。所以，试试通过芳香疗法使身体和心灵都得到放松吧。

值得注意的是，精油原液一定得经过稀释后使用，所以购买之前请向销售人员咨询相关情况。

消除肩膀酸痛的伸展体操

①两手交叉于头上，边吐气边把头向前倾，保持20秒。

②右臂横向伸于胸前。边吐气边用左手拉右手的肘部。左右交换，各保持15秒。

③两臂伸直，手置于椅子上，边吐气边缓缓使胸部靠近膝盖，保持15秒。

用薰香炉来进行芳香浴

加热精油，使香气散发。
可以选择迷迭香、尤加利、杜松、薰衣草等自己喜欢的香味。

芳香按摩

一边享受香味，一边轻轻按摩肌肉。

芳香浴

在38℃～40℃的温水中加入数滴自己喜欢的精油，慢慢浸浴20分钟。

消除酒毒,预防肝硬化

过量的酒精会导致肝功能障碍

酒精有缓解精神紧张、增加好胆固醇、预防动脉硬化、安眠等正面作用,而且少量饮酒能促进胃液分泌,有助于食物的消化。但是过量饮酒则会对人造成身心的双重伤害。酒毒就是指因饮酒过量带来的种种伤害。比较轻的症状有面红耳赤、脸色苍白、心悸、头痛、恶心、呕吐、目眩等,也就是通常说的宿醉症状;重的可能因短时间内大量饮酒引起急性酒精中毒,甚至陷入昏迷状态而危及性命。

如果养成酗酒的习惯,会加重肝脏处理酒精的负担,除了引起脂肪肝、酒精性肝炎、肝硬化等严重的肝脏疾病,还会引起消化系统、循环系统疾病以及精神上的酒精依赖症,对身体造成严重危害。饮酒究竟是起正面作用还是负面作用,与饮用方法、酒精的量、肝脏分解酒精的速度以及体质都有关。

体质决定酒量大小

自古就有"酒是百药之长"的说法,巧妙地喝酒,对身心都有好处。

不过,酒精对身体是否起好的

> **喝多少酒会出现肝功能障碍**
>
> 因饮酒造成的肝功能障碍有很大的个体差异。有的人5年表现出症状,也有的人10~15年才出现症状。
>
> 大致的标准是:持续每天喝酒500毫升以上,就会引起肝功能障碍。若每天喝1升,大约10年之后;每天喝500毫升,大约15年之后就会患上肝硬化。

作用,依个人体质而定。首先,我们来看看体质和酒精间有什么关系。

酒精被胃肠吸收后,大部分都在肝脏中接受处理,最后变成二氧化碳和水排泄出去。问题在于,在肝脏的分解过程中生成的有害物质乙醛能否顺利分解。

运送到肝脏中的酒精(乙醇),首先被ADH(乙醇脱氢酶)分解,变成乙醛。乙醛能够引起头痛、心悸和脸红,如果无法分解而堆积,则会引起恶心、头晕等醉酒症状。

约十分之一的人属于几乎无法分解乙醛的体质,只喝一口就会醉酒,这种人属于完全没有酒量的类型。另外约一半的人,通过ALDH2

（活性型醛脱氢酶 2）可顺利地分解乙醛，这类人属于酒量较大的类型。

剩下的四成，则是能在一定程度上分解乙醛，但无法完全分解，属于比较容易醉酒的类型。

这三类人中，完全不能喝酒的人一般不喝，所以陷入酒毒危害的概率非常低，而需要注意的是酒量大和能喝那么一点的人。但不管哪一类都要饮酒适度，不要让酒变成毒。

一口气喝很多酒，短时间内体内酒精浓度急剧上升，可能会造成急性酒精中毒，是非常危险的。

乙醛是醉酒的原因

有些人在饮酒之后，往往会头痛欲裂，而且还伴随有恶心、呕吐等醉酒症状，其原因并不是酒精本身引起的，而是因酒精在肝脏中分解之后产生的有害物质——乙醛的作用。

之所以越是酒量小的人，醉酒症状越明显，并不是酒量小的人比酒量大的人肝脏功能差的缘故，而是因为酒量小的人血液中的乙醛更容易增加。

乙醛是否容易增加，与分解它的酶 ALDH2 的种类有关。

ALDH2 有活性型和非活性型两种。非活性型的人血液中乙醛浓度甚至相当于活性型的人的 10～20 倍。因此，即使想要练出酒量，也不要不顾自身体质乱来。

不过，非活性型 ALDH2 的人中也有活性稍微发挥作用、能喝一点的人，由于他们不是很能喝酒而又爱喝，因而常常受到乙醛的伤害。

即使是酒量大的人，饮酒超过

醉酒和大脑的变化

①轻度醉酒
饮酒后，大脑外侧开始麻痹。

②烂醉
小脑麻痹后，就会失去平衡感，走路跌跌撞撞。

③昏迷、死亡
脑干麻痹后，会出现昏迷，甚至呼吸停止。

允许范围后，乙醛增加，也会醉酒。

酒量大的原因

ALDH2

酶ALDH2帮助分解

MEOS

酶MEOS也参与分解

酒精被肝脏吸收后，首先通过ALDH2的作用发生氧化。但是当酒精的浓度太高时，MEOS也参与进来。如果经常饮酒，MEOS的氧化能力增强，于是即使最初不能喝酒的人，渐渐也变得能喝了。

急性酒精中毒

短时间内，大量饮酒会引起恶心、呕吐、意识障碍，陷入急性酒精中毒状态。当体内酒精浓度超过0.6%时，会引起死亡。

尤其是ALDH2非活性型的人一口气喝很多，醉酒的症状急剧恶化，是极为危险的。

酒精过量会对身体造成巨大伤害

酒量大的人也好，能喝一点的人也好，重要的是找到适合个人的饮酒方法。

只要出现一点醉酒的症状，就要立即停止饮酒，并想办法降低血中乙醛的浓度。每天饮酒过量，二三十年后，内脏器官肯定会受到乙醛的严重伤害。特别是处理酒精的肝脏，被称为沉默的器官，它的特点是即使功能衰弱也不易于察觉。因此有晚酌习惯的人，一定要定期接受健康检查。

另外，有数据表明因为心理原因而有酒精依赖症的女性数量有逐年增加的倾向。研究证明，女性比男性更易受到酒精的伤害，女性饮酒时间只要有男性的一半（约10年）就会生病，所以建议广大女性千万不要借酒浇愁。

酒精性肝功能障碍

指因长时间大量饮酒，肝脏细胞受损伤而出现肝脏疾病。初期表现为肝脏细胞中堆积脂肪的脂肪肝和肝细胞周围生成纤维的肝纤维化，最严重的是肝硬化，一旦肝脏发展为肝硬化就无法再恢复正常。

长期酗酒的人，如果某次酗酒的量太大，乙醛直接作用于肝细胞，还会引起酒精性肝炎。

什么样的饮酒速度是理想的

所谓不超过肝脏处理能力的饮酒速度是什么样的呢？

肝脏分解酒精的速度是每小时约10毫升。酒精是指酒中所含的纯酒精（乙醇）的量，可以通过酒瓶标签上标示的度数计算出来。举个例子，酒精度数为16%的250毫升酒，用250毫升×0.16 = 40毫升，那么酒精的量就是40毫升。如果一个人花4个小时喝完，那么平均每小时摄入的酒精量是10毫升，刚刚符合肝脏的处理速度。按照这一速度喝酒，就不会对肝脏造成负担。

健康关照

请遵守这 10 条正确饮酒的原则

①在愉快的氛围中饮酒

和朋友家人一起边谈笑，边愉快地饮酒。开心酒能转换心情，给第二天带来活力。

②按自己的速度饮酒，同时不要去劝酒

不要去迎合别人的速度，按自己的速度来饮酒。要考虑肝脏的处理能力，而且也不要为了礼节去强行劝人喝酒。

③一定要一边吃东西一边喝酒

不要白口喝酒，一定要搭配营养价值高的下酒菜，例如，奶酪、豆腐、鱼类等优质蛋白质食品，还有蔬菜和海藻类也很值得推荐。

④不要直接喝烈酒

不要直接喝酒精度数很高的酒，要稀释后再喝。

⑤喝酒的时候不要吸烟

烟与酒碰到一起，危害更大。因酒精而扩张的血管又因为吸烟而收缩，会给心脏带来负担，而且溶于酒精的焦油会吸附在消化器官黏膜上。应遵守"喝酒不吸烟，吸烟不喝酒"的原则。

⑥不要和药一起喝

部分镇痛药等强力药剂和酒一起喝下之后，会破坏胃黏膜，引起胃溃疡。而酒和糖尿病药一起喝会引发低血糖。所以，不管哪种药，都不要和酒一起喝。

⑦不要一直喝到深夜

酒精在肝脏中完全分解的时间约需 6 小时，因此即使少量饮酒，深夜12点之后也不要喝了，否则会妨碍第二天的工作和生活。

⑧**不要每天喝酒**

为了保护肝脏功能,应养成一周内至少两天不喝酒的习惯。如果长期每天都喝,发展成酒精性脂肪肝的危险性很大。

⑨**一日之内不要喝两次以上**

白天喝啤酒,晚上又喝白酒,这样肝脏就没有休息时间了。

⑩**定期接受肝功能检查**

喜欢酒的人常常喝着喝着就喝多了。为了安心地享用美酒,一定要定期接受肝功能的检查,选择适合自己的饮酒方式,做好自我管理。

消除酒毒的 6 种食物

水 ＊ **恢复水分平衡**

喝酒后会很渴是为什么呢

以前认为这是酒精的利尿作用使人比平时排尿更多造成的。

但是近年的研究表明,酒精有改变肌体细胞内外水分平衡的作用。

通常,体内水分的三分之二都在细胞内,但是酒精增加后,细胞内的水分会移动到血管中,所以虽然整个身体的水分不变,但因细胞内的水分减少了,也会觉得干渴。

不论是哪种原因,充分摄入水分都是没错的。"醒酒水"自古以来就在喝酒的人中很受欢迎。

恶心的时候,吐出胃里的东西会舒服些。因此,在满满的一杯水中混入三小撮盐并一口喝下去,会刺激胃使食物易吐出来。如果吐不出来,最好躺下休息。

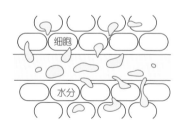

酒精进人体内后,水分的平衡会发生变化,细胞内的水分移动到血管中,因而感到口渴。

运动型饮料和果汁也很有效

饮酒过多的第二天,常常早上醒来嗓子很干渴。

当体内残留有酒精和有害物质乙醛时,应想办法尽早将其排出体外。

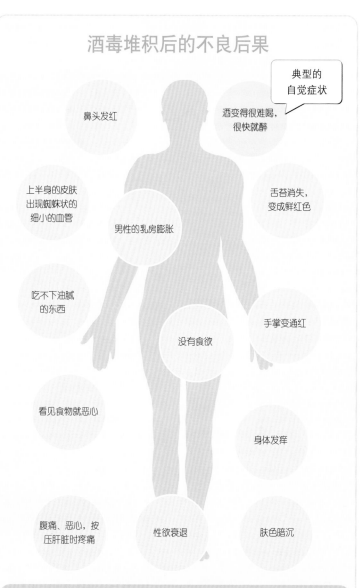

酒毒堆积后的不良后果

典型的自觉症状

- 鼻头发红
- 酒变得很难喝，很快就醉
- 上半身的皮肤出现蜘蛛状的细小的血管
- 舌苔消失，变成鲜红色
- 男性的乳房膨胀
- 吃不下油腻的东西
- 手掌变通红
- 没有食欲
- 看见食物就恶心
- 身体发痒
- 腹痛、恶心，按压肝脏时疼痛
- 性欲衰退
- 肤色暗沉

酒毒的征兆

· 长期过度饮酒，γ-GTP（γ-谷氨酰转肽酶，在肾脏和肝脏中较多）反应敏感，活性很高。

· 常饮酒的人，γ-GTP检查值可达到正常值的10倍以上。酒精性肝功能障碍者，每四个人中就有一个会测出较高的值。

饮酒之后不可立即入浴

很多人认为热水浴有醒酒的效果，其实恰恰相反。

热水浴的确可以促进血液循环,通过发汗作用将酒精从皮肤中蒸发出去,但同时它会使肝脏的血流量减少,引起肝脏功能降低。肝脏的功能变弱之后,酒精的代谢也会变弱,醒酒就变得更慢。而且由于脑和冠状动脉的血流量也减少了,心脏病和脑中风发作的危险也很大。所以,晚上饮酒后,一定避免立即泡澡。第二天泡澡就不会有什么问题了,宿醉的不适症状也可通过温水浴而消解。

含无机盐和糖分的饮料,除了有水分补给作用之外,还有消除体内酒精的作用。比如,一些运动型饮料和果汁,效果就很好。特别是运动型饮料,其成分构成接近人的体液,易被体内吸收,不仅对宿醉有效,饮酒时如果一起喝,还可防止醉得太厉害。

此外,用含有茶多酚和维生素C的茶,或者用柠檬和蜂蜜做成的蜜汁柠檬水,对于宿醉也很有效。

蜜汁柠檬水的制作方法

蜂蜜
柠檬
水
醋

取适量的柠檬榨汁和蜂蜜放入杯中,注入水搅拌混合。也可以用醋代替柠檬。

不过,不管哪一种饮料,太冰凉的话,有效成分都不易被吸收,所以应喝常温或温热的。

柿子 ＊ 分解酒精

柿子是富含果糖和维生素C的水果,从古代开始就作为防止醉酒和消除宿醉的有效食品。甜柿中所含的涩味成分矢布醇以及乙醇脱氢酶可以分解酒精,所含的钾有利尿作用,所以能够有效地防止醉酒和消除宿醉。

柿子中维生素C的含量是柑橘的两倍多,而鞣酸这样的涩味成分,已经确认有治疗烧伤和虫咬等多种功效。

柿子叶也含有相当于柑橘数十倍的维生素C,其鲜嫩的幼芽可以炸着吃,或者干燥后做柿叶茶喝。柿叶芽有利尿作用,多喝一些,能促进酒精排出体外。

柿子主要的营养成分
（每100克中）

形状 成分	甘柿	去除涩味的 柿子
热量	60千卡	63千卡
维生素C	70毫克	55毫克
胡萝卜素	420微克	300微克
钾	170毫克	200毫克
食物纤维	1.6克	2.8克

柿叶茶的制作方法

①将洗过的嫩叶用强火煮2分钟。

②切碎挤干，去掉涩液。

③阴干后放入罐中保存。

贝类 ∗ **强化肝脏的解毒作用**

贝类营养均衡，在饮酒后和宿醉时食用，其解酒功能非常有效，所以很受欢迎。

以蚬贝为例，它的营养成分中的蛋白质的含量可以与鸡蛋相提并论，而且，由于含有均衡的必需氨基酸，不会对肝脏造成负担，能够促使肝脏恢复功能。

维生素 B12 和糖原对于促进肝脏的功能也发挥着重要作用。而氨基酸中的牛磺酸与胆汁酸结合后，可以活化肝脏的解毒作用，这也是不可忽略的。

对于因酒精代谢而疲惫不堪的肝脏，贝类真的是非常好的食品。

蚬贝（生）主要的营养成分
（每100克中）

热量	51千卡
蛋白质	5.6克
维生素B12	62.4微克
钙	130毫克
铁	5.3毫克
锌	2.1毫克

姜黄 ∗ **对酒精造成的肝脏损伤很有疗效**

姜黄这种可增进食欲的鲜黄色的调料，是咖喱菜中必不可少的。市场上的咖喱粉中也都含有它。同时，它也常被作为咸萝卜的着色料和染料使用。

在中国和印度，姜黄是一种传统的药草，自古就作为治疗黄疸、肝脏和胃肠的药而被使用。

姜黄中含有姜黄色素，它具有解毒、促进胆汁分泌的作用，对于因酒精造成的肝脏损伤非常有疗效。

由于姜黄具有独特的味道，建议做菜时只取少量作佐料。

姜黄的利用方法

姜黄是生姜科的多年生草本植物。市场上作为调料的姜黄除了用于制作咖喱菜之外，还用于多种菜肴中。因为味道较特别，初试的时候最好只加少量。

加入咖喱菜中

混在油炸食品的面衣中

用于炒菜的着色

混在咖喱块中，增加风味，也增加姜黄色素的量

芦荟 ＊降低血液乙醛浓度

芦荟是主要用于防烧伤、虫咬和健胃的药用植物，在一般家庭中也可以盆栽后加以利用。最近，发现它还有一个药效，即可以降低酒精分解后产生的有害物质乙醛在血液中的浓度。原因是带刺的绿色部分和其内部的胶质中所含的多糖体、糖蛋白等具有这一作用。

在饮酒之前，如果喝些芦荟汁，对预防头痛和恶心、脸红等症状很有效。

此外，芦荟中的苦味成分芦荟素有健胃作用，对治疗宿醉引起的反胃和恶心等，简直是特效药。

芦荟有各种各样的种类，若家庭栽培，选择库拉索芦荟或者木剑芦荟比较好养，即使不怎么用心施肥也能长得很好。不过要注意选日照好的地方种植。

芦荟汁的制作方法

准备洗净的芦荟，用擦菜板擦碎取汁，喝下1~2杯的汁液。
饮酒前喝它，可以有效防止大醉。对于宿醉的反胃和恶心症状也有疗效。

在酸奶、冰淇淋、果冻等甜品中加入芦荟也是一个办法。此时可去掉叶上的皮，将里面胶冻状的部分切碎食用。如果介意它的苦味，可以事先用糖水浸泡一下。

富含蛋白质的食物 *
减轻肝脏负担

饮酒时，为了尽量减少肝脏的负担，多吃些下酒菜是很必要的。切忌空腹饮酒，这样会使酒精迅速流入肠中被吸收，使人很容易醉倒。

如果胃中有食物，为了消化食物，胃的幽门部收缩，这样酒精到达十二指肠的时间就会延长。因为蛋白质和脂肪在胃内停留的时间最长，所以最适合作为下酒菜。

不过摄入过多脂肪会导致发胖，所以最好选择鱼贝、瘦肉、鸡肉、豆制品、蛋、奶酪等蛋白质含量高的食品作下酒菜。

分解乙醛的酶也是由蛋白质组成的，构成蛋白质的氨基酸还有促进肝脏解毒的作用。

此外，肉类和大豆中的胆碱，以及海鲜中的牛磺酸等能够预防肝脏中的酒精变成脂肪而蓄积，因此，含有均衡氨基酸的高蛋白食品是当之无愧的最理想的下酒菜。

选择高效且易消化的蛋白质

饮酒过量后的第二天早上，肝脏的能量会因酒精代谢而消耗，加上有害物质乙醛的伤害，肝脏变得十分衰弱。因此需要及时摄入能悉心关照肝脏的食品。

含有优质蛋白质的牛奶和奶酪等乳制品、鸡蛋、豆腐、扇贝，以及用这些东西煮的汤对肝脏都很好，且不会对胃造成负担。尤其是喝牛奶和汤还可补水，可谓一箭双雕。

人在反胃和恶心时，尽量不要让胃受刺激，可适当吃一些常温或者接近体温的食物。

即使宿醉的不适症状消失后，肝脏和胃壁的损伤还需要花一段时间来修复。因此，宿醉后的2～3天之内，禁止暴饮暴食，要让消化系统得到充分休息。

有人喝酒后喜欢吃拉面。拉面中油分多味道重，会给胃肠带来负担。还是应该选择水果、加蜂蜜的牛奶、酸奶、鸡蛋等易消化且能提高肝脏功能的食品。

简单易行的其他疗法

穴位按摩 * 消除宿醉的不适症状

酒后的第二天，身体肯定会不舒服，不妨试一试穴位疗法。按摩时要注意力度，对穴位的刺激太弱或太强，效果都会减半。可以在穴位处先通过增减手指压力来感觉一下。

消除胃部的不适

厉兑
用大拇指揉捏第2脚趾的指甲根部，给予刺激。

期门
沿着乳头正下方与肋骨下相交处的穴位,
用两手的食指、中指、无名指从下向上轻
轻地按。

胃俞
第12胸椎和第1腰椎之间,脊柱两侧约
两指宽的位置,用拇指边揉边按压。

缓解头痛

百会
头顶中央的凹陷处。用拇指轻轻给予
刺激。

天柱
脑后颈椎两侧约两指宽的凹陷处,用
拇指按揉。

使酒精排出体外

肝俞
第9和第10胸椎之间的高度,脊柱两侧
约两指宽的位置,用拇指略微用力按压。

去除倦怠

三阴交
脚内踝约3指宽上方的胫骨边缘,用拇指
指腹充分按压。

健康关照

千万不要以酒解酒

在宿醉第二天的早上,有人为了提起精神,以酒解酒。

当人在头痛欲裂、反胃、乏力时,总想找点什么来解解闷,这
种心情也是可以理解的,但通过酒精来麻痹大脑、抑制不适的症状
并不可取,一段时间后人会再次陷入宿醉的状态。

这种敷衍一时的"休克"疗法并不能真正消除宿醉,而且一旦
养成以酒解酒的习惯,很容易发展成酒精依赖症。所以,还是想想
正面的解决不适症状的方法吧。

● 消除水毒, 预防浮肿 ●

水毒引起浮肿、眩晕、尿频等异常状况

你有过这种感觉吗？早上起床后，觉得脸有点肿胀。如果频繁出现这样的症状，有可能是体内的水分代谢不良。

水是血液以外的体液，指组织液、淋巴液等。当泌尿系统和淋巴系统的循环出现障碍时，排尿和排汗会变得不顺畅，水分代谢也无法顺利进行，从而引起浮肿、眩晕、尿频、尿多等身体的异常。这些与水相关的种种弊害，都可以视为水毒。

在了解水毒的原因及治疗方法之前，我们先简单说明一下水分在体内所起的作用。

我们的身体约60%～70%都是水分，水不仅滋润身体，还是身体发挥正常功能所必不可少的重要成分。水过多的话，会出现浮肿；过少的话，则会出现脱水症状。

体内的水分约三分之二是细胞内水分，剩下的三分之一在细胞外。前者被称为细胞内液，后者被称为细胞外液。细胞外液是细胞间的间质液以及血流中流动的水分（血浆）。

为了使每个细胞发挥正常功能，即为了维持正常的生命活动，细胞内液和细胞外液常常往返于细胞膜和血管壁，进行水分交换。水分的绝对量通常要保持一定的值，且细胞内外液中所含的钠、钾、镁等元素也要保持一定的量。

因此，人在摄取过多的水分后，脑和肾脏等各种调节机制会联系起来，将过多的水分形成尿排出。

排尿的机制

经口饮入的水分，通过小肠和大肠吸收进入血液中。这之后与废弃物和无机盐一起被运送到肾脏。当体内水分和无机盐成分不足时，会再度回到血液中。如果体内水分达到必要的量之后，身体会只将必要的无机盐再送入血液，而水分和废弃物则会成为尿液排出。

造成水毒的多种原因

浮肿是水毒的典型症状，其主要原因除了摄入过多的水分外，还包括血液循环不良、寒症、不规律的生活习惯、为减肥而极端限制饮

食、女性经期的激素分泌异常等。

细胞内液和细胞外液的平衡因为以上某种原因被破坏后，会出现细胞外液的间质液增加的情况，进一步会发展成水毒，出现人身体全身或某部位浮肿的情形。早上起床时的面部浮肿，是浮肿的一种。

东方医学认为，体内水分平衡失调而积存水分时，除了会出现浮肿，还会出现心跳过速、呼吸困难、目眩、耳鸣、头痛、失眠、手脚发抖、鼻炎、过敏性皮炎等症状。而且，在梅雨期等湿气很重的时期出现关节痛，也是因关节周围积存多余的水分引起的。

> **检查浮肿的方法**
>
> 腿的胫骨前部、脚背和脸部是易出现浮肿的地方。浮肿严重时甚至会使脚穿不进鞋子、手指不能弯曲。而轻度浮肿时，乍一看是无法确定的，要仔细确认一下。
>
> 在脚踝稍上方的骨头部分按压20～30秒，放开指头时，凹陷处无法复原，就是浮肿的证据。
>
> 另外，患甲状腺机能低下症和胶原病时，会出现即使用手指按压也不会凹陷的浮肿。

身体容易浮肿的人，口不渴的时候，不要频繁地饮茶和果汁。此外，吃味道很重的菜，摄取过多盐分也和过度摄取水分相关。

而且，由于间质液中含有食盐的成分钠，摄入过多食盐，会使间质液中钠的浓度增加。于是在渗透压的作用下，血液中的水分会从血管壁渗到间质液中，引起人体的浮肿。

所以，提倡摄入未精制的粗盐，其中含有的无机盐更丰富。为了身体着想，最好也不要总是使用其他精制的调味料。

长时间站立工作和长期坐着工作等都易引起脚部浮肿，这是由于静脉淤血造成的。从心脏流出的血液通过动脉运送到身体的各个角落，但是从静脉流回心脏时，并不是心脏将血液吸回，起着泵的作用的其实是下肢的肌肉群。肌肉通过收缩将血液向上推挤。

尤其是下半身，由于有重力的作用，如果肌肉不工作的话，血液的回流（血液循环）就会不良。因此，脚上的细胞容易积存水分，产生浮肿。最好通过散步和按摩来促进血液循环。

另外，身体寒冷时，肾脏的血流减少，也会成为浮肿的原因。在冷气太强的地方，穿好袜子，且准备好毯子盖住膝盖，注意尽量不要让身体受凉。

市场上出售的长筒袜，能够使脚踝、小腿肚、膝盖、大腿的压力逐渐降低，对于消除浮肿很有效。

另外，医用的厚实而有伸缩性的弹性长袜，也可以善加利用。

> **因激素变化产生的浮肿**
>
> 女性在月经期和更年期时，因激素分泌的变化，可能会引起浮肿。若全身浮肿的话，体重有时会增加2～3千克。

水毒积存后的不良后果

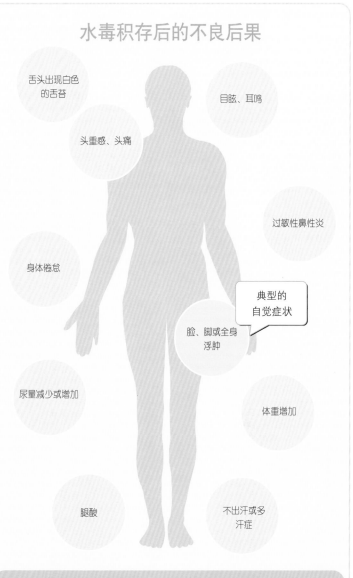

舌头出现白色的舌苔

目眩、耳鸣

头重感、头痛

过敏性鼻性炎

身体倦怠

典型的自觉症状

脸、脚或全身浮肿

尿量减少或增加

体重增加

腿酸

不出汗或多汗症

简单诊断的标准

· 早上起床时，眼睑肿胀。

· 小腿肚和脚背浮肿，按压时出现凹陷，很长时间不能恢复，甚至很难穿上鞋子。

· 通过尿检，检测肾脏排出废弃物的功能（肌酐廓清率）。如果过低，可判断肾功能有障碍。

内脏疾病引起的身体浮肿

有时，引起身体浮肿的原因并不仅仅像摄入过多水分和盐分、运动不足、睡眠不足及生活规律紊乱那么单纯，像肾脏、心脏、肝脏等内脏病，也会引起身体浮肿。

如果是后者，则有可能出现危险的情况，因此应仔细确认症状。比如除了持续多天的浮肿，还伴随有排尿困难、发热、急剧的体重增减时，就该立即就医。

·整个脸浮肿，半天以上都未消退，可能有急性肾炎。

·上眼睑的浮肿长时期不消退，可能有肾病综合征。

·全身浮肿，有可能是肾脏、心脏的慢性疾病。

改变生活习惯，消除浮肿

有些人因工作需要必须长时间站立，从而引起脚部浮肿。浮肿造成的身体不适使得他们不愿运动和走路。这种情况虽然还没有严重到非得去医院看病的程度，但如果发展下去的话，将对身体健康很不利。因此，应该调整饮食和生活习惯，适当地参加一些运动，积极地消除浮肿和不适症状。

避免使水毒恶化的生活方式

·极力避免软饮料。口渴时尽量用水和水果补充水分。

·即使夏天也不要过快过多地喝冷饮。

·注意不要摄入过多的盐分。

·有意识地多吃富含钾的食品。

·避免身体受凉。

·养成运动身体、促进血液循环、适当流汗的习惯。

·长时间入浴，使身体变热。

消除水毒的6种食物

土豆 * **钾能排出盐分，消除浮肿**

在欧洲作为主食食用的土豆，是含有丰富的维生素C和无机盐成分的健康蔬菜。无机盐成分中钾的含量很高，被称为"钾之王"。钾有减轻水毒的功效。

人在摄入过多食盐或味道重的食品后，身体为了降低钠的浓度，会抑制水分的排泄，导致体内水分增加。结果是血液量增加了，给心脏带来多余的负担，甚至成为高血压的导火索。

为了减少钠的量，除了不可摄入过多盐分之外，还有必要排出体内多余的钠。钾在这里可以发挥威力，土豆中所含的钾能够使细胞内的钠与尿一同排出体外。

土豆主要的营养成分
（100克中）

成分 \ 状态	蒸	干燥后的土豆泥
热量	84千卡	357千卡
钾	330毫克	1200毫克
维生素C	15毫克	5毫克
维生素B$_1$	0.05毫克	0.25毫克
食物纤维	1.8克	6.6克

钾易溶于水

土豆可蒸、煮、烤、炒，种种做法都很受欢迎。但是，因为钾有易溶于水的性质，煮之后会流失30%。为了有效的利用，在蒸和煮土豆时不要去皮，整个利用。应避免切碎或长时间浸泡在水里。

用土豆炖菜时，请连汤一起喝。

干燥后的土豆泥效果更好

在蒸好的土豆中撒上食盐，加上黄油后会是很好的美味。但是，食盐吃得越多，钾流失得就越多，最后会导致人进入缺钾状态。

如果以摄取钾为目的而吃土豆，建议食用干燥后的土豆泥，而且尽量把味道弄得清淡一些。

土豆因其丰富的营养被称为"大地的苹果"，是营养均衡的健康蔬菜。它还能消除肉类对身体的不良影响，因此，在与汉堡、牛排的搭配中也是必不可少的。

肾脏病患者不要摄入过多的钾

对于肾功能不全等肾脏病患者，饮食疗法是治疗的关键。

因肾脏功能低下，钾难以随尿一起排泄，这样，血液中堆积过量的钾，就会形成高钾血症。

高钾血症对心脏有严重的影响，甚至会危及生命。饮食疗法一定要在医生的指导下进行，有时需要限制蛋白质和钾的摄入量。

一般在西瓜、柿子等水果以及蔬菜中钾的含量比较高，因此在做菜的时候，要多用水淋洗，煮烂，尽量将钾去除。

黄瓜 * 通过利尿作用提高代谢功能

黄瓜作为夏季蔬菜的代表，在餐桌上是必不可少的。它爽脆的口感，能够增进人的食欲。

黄瓜中90%以上的成分都是水分，营养价值并不高。但是，黄瓜皮中所含的异槲皮苷有利尿作用，自古就被用在膀胱炎和急性肾炎的应急治疗中。

黄瓜可以连皮生吃，而如果连着藤蔓一起干燥后煎水喝，更能获得强力的利尿效果。

另外,如果把黄瓜用米糠拌盐腌的话,米糠的成分会浸入黄瓜中,由此我们可以获取维生素 B_1。

将黄瓜煎水喝

①将黄瓜及其藤蔓切碎。

②充分干燥,除掉湿气。

③取10~20克煎煮后,分早、中、晚三次饮用。

胃肠易寒冷的人,不宜多吃

黄瓜的盛产季节是夏季。现在依靠大棚栽培,人们可以全年吃到新鲜的黄瓜,但是这种方便对于某些人来说却并非好事。

黄瓜使身体冷却的作用很强,所以在秋冬的寒冷时期最好少吃。

即使在夏天,也不可过多的食用生黄瓜。尤其是胃肠容易寒冷的人,易使胃肠更加寒冷,损伤身体。

因此,最好的方法是黄瓜和具有温暖身体作用的食品一起吃。

红豆 * 外皮中的皂角苷有强的利尿作用

自古以来,红豆就是喜筵上必不可少的食物。中医把它作为生药使用,有很高的药效。

红豆中除了含有丰富的钾之外,其外皮中所含的皂角苷有很强的利尿作用。它对脚气病(维生素 B_1 缺乏症)和因肾脏功能衰退时在脸上、脚上出现的浮肿很有效。而且,它既可以降低胆固醇和中性脂肪,又能够通过解毒作用治疗宿醉。

红豆常被做成豆沙馅使用,但是若为消除浮肿,做成豆沙馅却并不是最好的选择。因为豆沙馅的做法是留下煮好的红豆,而将红豆汤全部倒掉,这样,能够消除浮肿的钾和皂角苷就全部浪费了。

另外,在选择红豆的时候,尽量选新鲜的。陈年的和被虫蛀过的,吸水力很弱,尽量不要用。

红豆汤的制作方法

①取红豆30克,加入500毫升水,用小火煮。

②熬到汤只剩下一半左右,即可饮用。为了提高药效,不必去掉涩味成分。煮软了的红豆可以和红豆汤一起吃下去,也可以用在其他的饭菜中。

把它和南瓜放在一起煮,或者用于沙拉中,还有解除便秘的功效。

红豆主要的营养成分
（100 克中）

成分＼状态	熟的红豆粒	豆沙馅
热量	143千卡	155千卡
钾	460毫克	60毫克
钙	30毫克	25毫克
维生素E	0.3毫克	0.2毫克
镁	43毫克	30毫克
食物纤维	11.8克	6.8克

西瓜 ＊含有消除浮肿的特效成分瓜氨酸

西瓜果汁清甜，老少咸宜，原产于非洲大陆。

西瓜不仅可以滋润喉咙，它还含有丰富的维生素A、维生素B₁、维生素B₂、维生素C、钙、钾、磷、铁和氨基酸等多种元素，营养价值很高。

西瓜含有一种氨基酸类的药效成分，叫做瓜氨酸。这一特殊物质，具有很强的利尿作用，是治疗肾脏病的灵丹妙药。除了肾脏病之外，它对因心脏病、高血压以及妊娠造成的浮肿都有效果。

西瓜除了果肉，其皮和种子中也含有有效成分。比如治疗肾脏病可以用皮来煮水饮用，而膀胱炎和高血压则可以煎煮种子。

这里介绍一种古代流传下来的对利尿很有效的民间疗法——西瓜糖疗法。

西瓜糖每天饮三次，一次1～2匙。

西瓜糖的制作方法

①取成熟的西瓜2～3个，切开用勺挖出果肉。

②将挖出的果肉放入纱布中榨出汁。

③将榨的汁放入锅中用弱火煮。约煮5～6小时，煮至剩下一杯左右的分量。

④变稠成糖浆状之后，关掉火，放入瓶中保存。渴时饮用即可。

鲤鱼 ＊消除妊娠中的水毒，促进母乳分泌

鲤鱼含有维生素B₁、维生素E和维生素D，以及蛋白质、脂质、钙、铁等营养物，是营养均衡的滋养食品。自古以来就以其珍贵的药效，作为药效鱼的代名词。鲤鱼尤其具有强力的利尿作用，能够消除怀孕中的浮肿，促使产后母乳分泌顺畅。建议孕妇积极摄取。

我国古代的药物学专著《神农本草经》中记载，鲤鱼除了有利尿作用之外，还对咳嗽、肝脏病、皮肤病、胃溃疡、风湿病、痔疮等有效。

吃鲤鱼的最佳时节是冬春之交

冬春之交是鲤鱼生产旺季，其药效最高。

为了去除泥臭味，可将鲤鱼放在干净的水中养1～2天。由于鲤鱼的胆囊中有很强的苦味，处理时应小心，注意不要弄破。鲤鱼的做法有很多，清蒸或者红烧都很好吃。但不管选择哪种做法，都要多花些时间，直到把骨头炖软为止。

鲤鱼（水煮）中主要的营养成分
（100克中）

热量	208千卡
维生素B$_1$	0.37毫克
维生素B$_{12}$	7.5毫克
泛酸	1.51毫克
维生素D	12微克
维生素E	20毫克
蛋白质	19.2克

富含钾的食物 * 平衡细胞液中的钠量，降低血压

口味重的人，常常会因体内积存多余水分而有水毒的倾向。

人在摄入大量盐分后，体内的钠浓度会升高，但是我们的身体机制能将钠的浓度保持在一定范围内。肌体会按钠增加的量，控制水分的排泄。

蔬菜和水果中含有丰富的钾，具有使钠浓度稳定的作用。钾能够将过剩的钠从细胞中引出，因此，摄入一定量钾，就能相应地减少钠的量。这样，积累的过多的水分也形成尿排出了，从而消除了浮肿。同时，钾对于因摄入过多的钠引起的高血压也有缓解作用。

不过，如果将富含钾的食物烹调得味道太重，那么即使摄入大量的钾，也几乎没有什么意义。所以，用不必加盐就可以吃的水果做钾源更适合。

钾含量较多的水果
（100克中）

鳄梨 720 毫克

杏干 1300 毫克

葡萄干 740 毫克

柿饼 670 毫克

猕猴桃 290 毫克

椰奶 230 毫克

香蕉 360 毫克

露天栽培的香瓜 350 毫克

苹果 110 毫克

西瓜 120 毫克

简单易行的其他疗法

桑拿 * 痛快流汗，放松身心

汗带有臭味，所以很多人都希望尽量避免流汗。

可是，流汗却承担着排出体内的废弃物和毒素的重要功能。如果人在平时生活中几乎不流汗，当体温上升时，促进血管扩张的交感神经的功能就会变得迟钝，血液循环不良，体内的器官也无法正常工作。

因体内积累了过多的水分，而易出现浮肿等症状的人，要努力促进排汗。

为了充分流汗，必须刺激血液循环，使体温上升。对于夏天在有冷气的办公室工作一整天和连做流汗运动的时间都没有的人，不妨试试桑拿浴。

一般的桑拿浴，因为保持80℃～90℃的高温，可以在短时间内让体温上升，使人充分地流汗。而且桑拿还有促进血液循环、缓解压力、消除疲劳的效果。

在桑拿房中充分地流汗之后，要进入30℃左右的温水中洗去汗水。需要注意的是：从桑拿房出来就立即进入气温很低的房间，会引起急剧的血管收缩，这样非常危险。另外，桑拿浴后一定不要忘记喝水补充水分。

桑拿浴会令体温迅速上升，血压变化，所以身体状况不好的时候不要去洗桑拿。

发汗的机制

体温上升后，血液中的水分和无机盐成分会被汗腺吸收，但是对于身体很重要的无机盐并不会全部作为汗排出，而是大部分都被再吸收到血液中，变成汗排出的是水分和废弃物。

如果不出汗的生活过久了，汗腺的功能会逐渐退化，一旦排汗，极有可能会将身体必要的无机盐成分和水分一起排出。因此，要注意平时适当排汗。

顶泌腺（大汗腺）

与毛孔在一起，存在于腋下和阴部，有独特的臭味。

外分泌腺（小汗腺）

与毛孔分开存在，仅分泌液体，本身无臭味。

● 减少尿酸,预防痛风 ●

尿酸过多易引发痛风,造成肾功能障碍

尿酸是什么呢？常常会被人认为是尿中所含的酸，其实并非如此。尿酸是体内的细胞和能量物质分解时生成的废弃物。

细胞通过代谢每天都在变化，体内不需要的老旧细胞，分解后变成"嘌呤"。嘌呤是一种低分子化合物，在能量物质分解时也会生成。此外，有些食品中含有嘌呤，食用后也会使体内的嘌呤增多。

体内生成嘌呤后，会在肝脏中合成尿酸。大部分尿酸经过肾脏随尿液排出体外，少量的尿酸通过粪便及汗液排出。

人体内平均每天生成600毫克尿酸

平均人体内大约有1200毫克尿酸，其中每天约有一半会被排泄掉，然后体内每天又会生成新的尿酸，这个量通过酶的作用而调节，一般与排泄掉的尿酸量相当，约为600毫克。由于个体差异和饮食内容的不同，这个量也会有所差异。

新生成的尿酸量约600毫克。
体内的尿酸量约1200毫克。
被排泄的尿酸量约600毫克。

血液中的尿酸增加的原因

肌体的代谢在一刻不停地进行着，所以人体每天都会产生尿酸。如果这些尿酸能顺畅地排泄到体外，就不会出现问题，但是如果尿酸排泄不良或者尿酸的量增加过多而来不及排泄时，体内的尿酸堆积，血液中尿酸的浓度就会增加。血液的尿酸水平异常增高，就形成

尿酸水平增高的原因

尿酸产生过剩型
剧烈的无氧运动
过量饮酒
体质

尿酸排泄不良型
高血压、动脉硬化、糖尿病等生活习惯病
肾炎
体质

高尿酸血症，高尿酸血症根据原因不同分为两种类型，即尿酸产生过剩型和尿酸排泄不良型。

除了体质外，剧烈的无氧运动、饮食过量、精神压力大、酒精摄入过量等都会引起尿酸增加，这些是尿酸产生过剩型的原因。尿酸排泄不良型则与高血压、动脉硬化、糖尿病、肾炎等疾病有关，这些疾病会造成肾脏功能低下，引发尿酸排泄不良。此外，还有尿酸产生过剩和尿酸排泄不良混合型。

剧烈的无氧运动会加速尿酸的生成

在进行短跑和俯卧撑等瞬间屏息用力的无氧运动时，核苷酸和糖类会作为能量来使用。核苷酸分解后，会使尿酸比通常更快地生成。也就是说，需要耗费很大体力的无氧运动是易生成尿酸的运动。

此外，当剧烈运动、大量出汗、体内水分不足时，尿的排泄量也会减少，使得尿酸无法排泄掉，于是尿酸水平也会很快上升。

尿酸盐结晶引发痛风

血液中可溶解尿酸的浓度，健康人是7毫克/分升。若是超过这一限度，尿酸会变得难于在血液中溶解。无法溶解于血液的尿酸和钠结合形成尿酸盐。尿酸盐会结晶化，在关节和皮下等部位附着堆积。

尿酸盐的结晶是白色的针状物，尖尖的结晶会刺激关节等处引起剧痛，这一症状被称为痛风。虽然血液尿酸水平超过7毫克/分升时，不一定会马上引发痛风，但是如果高尿酸血症持续存在的话，发生痛风的可能性会增加。

痛风多见于30～50岁的男性

痛风的症状具有以下特征：以脚部为中心产生疼痛，最初几乎都是在大脚趾根部发生，接着是指甲、膝关节、脚踝等，表现为突然产生剧痛和红肿。疼痛一般持续数天，只要不继续恶化，一般10天之内症状会缓解。

游走性疼痛也是其特征之一。虽然恶化后可能所有关节都会疼痛，但各关节不会同时疼痛，一般是某一处痛过之后，另一部位才开始疼痛。

痛风还有反复发作的特征，一般在开始疼痛后的半年到一年之间，会发生第二次痛风。进一步发展后，发作的间隔会逐渐缩短。在30～50岁的男性中，痛风的发病率较高。

痛风的特征性症状

某天突然开始剧痛。最初大脚趾根开始痛。也可能在脚关节的某处疼痛，然后其他关节也会相继疼痛。

疼痛2～3天就缓解了。

每半年到一年疼痛一回。

高尿酸血症影响肾脏功能

持续的高尿酸血症，会使痛风症状逐渐恶化。而慢性的高尿酸血症还会引发痛风以外的症状。痛风如果持续5年以上未经治疗，尿酸在皮下附着凝固会形成痛风结节。在脚、手指、手背、肘部、耳朵边缘、肾脏等处都可见瘤状的结节，大小和形状各异，这些结节触碰时几乎没有痛的感觉，但却是病情正在恶化的信号，放任不管会引起并发症。

另外，肾脏中尿酸蓄积结晶化后，在储存尿的肾盂和尿的出口肾盏处会生成结石，尿的排泄因而不顺，严重的甚至会造成尿毒症。

无症状性高尿酸血症

高尿酸血症形成后，如果产生痛风或痛风结节，即可发现高尿酸血症。但是，有时却什么症状也没有，这种情况被称为无症状性高尿酸血症。

如果没有及时发现，高尿酸血症会在不知不觉间发展成为肾病。即使发生肾病，也不一定出现自觉症状。但是肾脏的功能衰退后，会使高血压和动脉硬化进一步发展，引发缺血性心脏病、肾功能不全、尿毒症等危及生命的并发症。

可由血液和尿液检查得知尿酸值

尿酸水平升高时，人在最初没有自觉症状，往往到出现痛风才开始注意到尿酸水平的上升。因此在发展成痛风前，定期地接受检查能起预防作用。

血液尿酸值会因检查前日的饮食和身体状况而有所变动，所以为了准确测量，需在不同日子去做检查，求其平均值。

如果血液尿酸值偏高，必须接受尿液检查。先在家中将一天的尿液收集到容器中，记录尿量。然后，用棒子搅拌尿液，取一部分放入采集瓶中，和记录一起带到医院去。在医院测量出尿酸值，并据此可知是否会出现痛风结节或肾功能障碍，同时判断高尿酸血症是属于产生过剩型还是排泄不良型。此外，也可以进行关节液检查、X光检查、关节镜检查、超声波检查等。

慢性风湿性关节炎容易和痛风混淆

有些疾病与痛风的症状相似，容易混淆。代表性的疾病就是慢性风湿性关节炎，它与痛风的不同之处在于：关节会同时出现在多个部位，疼痛也不会渐渐消失；女性比男性发病率高。另外，由于高大脚趾外翻而造成的疼痛和痛风开始的阶段很相似，应当注意分辨。

治疗高尿酸血症，预防并发症

高尿酸血症常常没有自觉症状，因此常常被人们忽视。但是，一旦检查发现尿酸水平过高，就应该提早开始治疗。治疗以饮食疗法和改善生活习惯的疗法为主，根据症状不同，也可进行控制尿酸水平的药物疗法和预防并发症的治疗。

当痛风恶化时，必须进行长期的药物治疗，相当麻烦。因此，最好在早期发现，早期治疗。

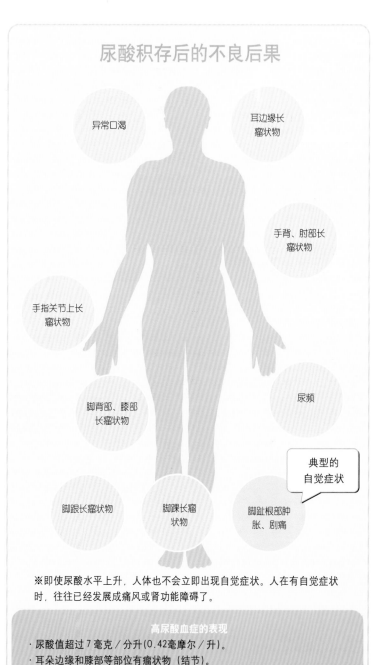

尿酸积存后的不良后果

异常口渴

耳边缘长瘤状物

手背、肘部长瘤状物

手指关节上长瘤状物

脚背部、膝部长瘤状物

尿频

典型的自觉症状

脚跟长瘤状物

脚踝长瘤状物

脚趾根部肿胀、剧痛

※即使尿酸水平上升，人体也不会立即出现自觉症状。人在有自觉症状时，往往已经发展成痛风或肾功能障碍了。

高尿酸血症的表现
· 尿酸值超过 7 毫克／分升（0.42毫摩尔／升）。
· 耳朵边缘和膝部等部位有瘤状物（结节）。

减少尿酸的5种食物

芹菜 * 钾能利尿,促进尿酸排出

芹菜中含有胡萝卜素、维生素 B_1、维生素 B_2、维生素 C、钾、钠、镁、食物纤维等多种成分。其中能有效防止尿酸蓄积的是钾。钾有很强的利尿作用,使尿酸随着尿一同排出。因此,芹菜可以视为天然的利尿药。

另外,芹菜中含有的钾和食物纤维有降血压作用,对于痛风并发症之一的高血压也有效果。

除此之外,芹菜还有消除疲劳的作用。

芹菜中主要的营养成分
(100克中)

热量	15千卡
钾	410毫克
胡萝卜素	44微克
维生素B_1 维生素B_2	各0.03毫克
食物纤维	1.5克

生食芹菜能更有效摄取钾

芹菜在经过水洗和加热之后再食用,容易使钾流失掉。

为了有效地摄取芹菜中的钾,水洗时尽量迅速和轻轻地洗,洗之后充分除去水分,然后凉拌生吃。

另外,因为芹菜叶子里面含有丰富的胡萝卜素和维生素 B_1、维生素 B_2 和维生素 C,所以不要扔掉,最好一起吃。

西红柿 * 碱化尿液,溶解更多尿酸

西红柿是碱性食品,可促进尿酸的排泄。因为尿变成碱性后,就易于溶解尿酸,从而将尿酸顺利地排出。此外,由于碱性食品有净化血液的功效,西红柿也有助于排出血液中的尿酸。

西红柿中含有食物纤维、果胶、柠檬酸、苹果酸、维生素、钾、磷、氨基酸、碳水化合物、番茄红素等丰富的成分,具有各种不同的功效,而且它还有清肠、解热、改善高血压和肝病的作用。

高尿酸血症易导致高血压等并发症。西红柿中所含的钾除了利尿作用之外,还有降低血压的作用。维生素类有强化血管、减少胆固醇的作用。而番茄红素有很强的抗氧化作用,能预防动脉硬化。也就是说,西红柿能从多方面预防高尿酸血症的并发症。

西红柿酱和西红柿汁

比起西红柿，西红柿酱、西红柿沙司以及西红柿汁中含有更丰富的钾。西红柿汁以旺季的西红柿为原料，每190克中含有高达500毫克的钾。

需要注意的是，有高血压倾向的人，最好选择未添加食盐的西红柿汁加以食用。

西红柿含有丰富的维生素、食物纤维、钾、番茄红素和柠檬酸。

问荆茶 ＊ 调整肾脏和膀胱的功能

问荆俗称笔头菜，在很早以前就作为治疗肾脏和膀胱疾病的草药，具有溶解结石的作用。这是问荆中叶绿素和硅作用的结果。

叶绿素有利尿作用，所以在饮用问荆茶后会大量地排尿。随着尿一起，尿酸也排出了，所以可以降低尿酸水平。叶绿素还有止血、消炎和强肝的功能。

硅能降低胆固醇水平，预防动脉硬化等高尿酸血症的并发症，同时作用于红细胞，向血管中运送氧气，净化血液。

除此之外，问荆中还含有磷、钙、镁、铁等矿物元素。

问荆茶的制作方法

问荆的采收期一般是每年的4月到7月。采摘、干燥后，加水慢慢熬煮即可制成问荆茶。问荆茶味道清淡，也可以和草药茶或其他茶一起混合饮用。

①洗净茎部，在太阳下晒大约一天后，阴干。

②每5~10克加入300毫升水慢慢熬煮，当水量变为1/3量时，停火即可。

矿泉水 ＊ 增加尿量，预防并发症

水分不足时，尿量会减少，尿酸的排泄量也会相应减少。如果尿中的尿酸浓度上升，就容易形成尿道结石，引发痛风。为了迅速将尿酸排出体外，降低尿中的尿酸浓度，预防结石，必须充分摄入水分，增加尿量。

像果汁等糖分很高的饮料以及啤酒等酒类，虽然含有水分，却会使尿酸增加，起反作用。所以应该尽量选择饮用没有热量、不会伤胃的白水。尤其是矿泉水，在补充水分的同时还能补充钾、钙、镁等矿物质，对身体非常有益。这些矿物质还具有利尿、调整血压的功效，所以可以预防高尿酸血症的并发症。

炎热的夏季外出时，要随身携带水瓶，以便经常补充水分。

黑色食品 ＊ 强化肾脏功能

尿酸经过肾脏到达膀胱会和尿一起排出体外。因此，如果肾脏的功能不良，无法顺利排泄时，就会堆积尿酸。

肾脏中积累尿酸后，会渐渐引起肾脏的功能衰竭，产生尿酸结晶。

为了防止尿酸在体内蓄积，有必要提高肾脏的功能。

中国的医食同源理论（利用食品预防和治疗疾病的思想）主张，通过颜色可选择对五脏功能有益的食品。

其中能补肾的食品是黑色食品。

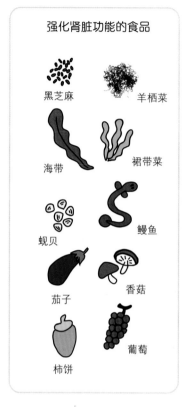

强化肾脏功能的食品

黑芝麻

羊栖菜

海带

裙带菜

蚬贝

鳗鱼

茄子

香菇

柿饼

葡萄

除了上图所示的黑色食品，对于肾脏有益的食品还有虾、枸杞、蛤蜊、海胆、海蜇、猪肉、山芋等。

木耳和猪肉一起炒，可做强化肾脏功能的食品。

食用含有过多嘌呤的食品和酒类会增加尿酸

尿酸是在体内由嘌呤变化而来的。嘌呤有体内代谢合成和食品中所含的两种。大多数的嘌呤是体内合成的，通过食品摄取的很少。

尿酸水平很高的人，最好避免食用含有较多嘌呤的食物。

即使目前尿酸水平不高，但如果经常过量食用含有大量嘌呤的食品，也会使尿酸增多，应该注意。不过，嘌呤含量较多的食品，往往也含有各种有益于人体的成分，所以只要不是过度摄入，就不必紧张。

另外，酒精有促进体内生成嘌呤的作用。体内吸收的酒精在代谢时生成的物质还会阻碍尿酸排泄，因此饮酒会使尿酸水平上升。

各种食物嘌呤含量比较

第一类 含嘌呤高的食物（每100克食物含嘌呤100~1000毫克）

肝、腰子、心、脑、肉馅、肉汁、肉汤、鲭鱼、凤尾鱼、沙丁鱼、鱼卵、小虾、淡菜、鹅、斑鸡、石鸡、酵母

第二类 含嘌呤中等的食物（每100克食物含嘌呤75~100毫克）

1.鱼类：鲤鱼、鳕鱼、大比目鱼、鲈鱼、梭鱼、贝壳类、鳗鱼及鳝鱼

2.肉食：熏火腿、猪肉、牛肉、牛舌、小牛肉、兔肉、鹿肉、禽类（鸭、鸽子、鹌鹑、野鸡、火鸡）

第三类 含嘌呤较少的食品（每100克食物含嘌呤<75毫克）

1.鱼蟹类：青鱼、鲱鱼、鲑鱼、鲥鱼、金枪鱼、白鱼、龙虾、蟹、牡蛎

2.肉食：火腿、羊肉、牛肉汤、鸡、熏肉

3.麦麸：麦片、面包、粗粮

4.蔬菜：芦笋、四季豆、青豆、豌豆、菜豆、菠菜、蘑菇、干豆类、豆腐

第四类 含嘌呤很少的食物

1.粮食：大米、小麦、小米、荞麦、玉米面、精白粉、富强粉、通心粉、面条、面包、馒头、苏打饼干、黄油小点心

2.蔬菜：白菜、卷心菜、胡萝卜、芹菜、黄瓜、茄子、甘蓝、芜青甘蓝、莴笋、刀豆、南瓜、倭瓜、西葫芦、蕃茄、山芋、土豆、泡菜、咸菜

3.水果：各种水果

4.蛋、乳类：鲜奶、炼乳、奶酪、酸奶、麦乳精

5.饮料：汽水、茶、咖啡、可可、巧克力

6.其他：各种油脂、花生酱、洋菜冻、果酱、干果等

●减少坏胆固醇,预防动脉硬化●

坏胆固醇附着在动脉壁,引发重症

胆固醇是脂质的一种,在健康的成人身体中约有140~150克,其中10~13克脂溶在血液中。

胆固醇是机体内许多重要物质的原料,如细胞膜、雌激素、雄激素、肾上腺皮质激素等,还有帮助消化的胆汁。所以,胆固醇是生命所必不可少的成分。

体内大部分胆固醇是在肝脏中合成的,它们在体内循环利用。除此之外,还可通过肉类和鸡蛋等食品摄取。

好胆固醇和坏胆固醇的区别

胆固醇溶于血液后才能被运送到全身。胆固醇是脂溶性的,无法直接溶于血液,必须与脂蛋白结合以后,才能通过血液运送到全身。

运载胆固醇的脂蛋白(也就是胆固醇的载体)主要分为LDL(低密度脂蛋白)、HDL(高密度脂蛋白)两种。由于载体的不同,胆固醇被分为了LDL胆固醇和HDL胆固醇两种。其中LDL担任着将胆固醇运送到全身的任务,而HDL则将多余的胆固醇回收后运送到肝脏,

肝脏随后将这些胆固醇分子分解掉,再将它们排出体外。

由此,LDL胆固醇被称为坏胆固醇,而HDL胆固醇被称为好胆固醇。这样说并不是绝对的,只要保证LDL胆固醇和HDL胆固醇的平衡,就不会发生任何问题。但是当LDL胆固醇增加过多时,HDL不能有效地将其回收,无法回收的LDL胆固醇就会附着在动脉壁上,问题就出现了。

脂蛋白的构造

脂蛋白外侧由磷脂和脱辅基蛋白组成,内侧包围着胆固醇和甘油三酯。内侧是亲脂性的,外侧则是亲水性的,故可溶于血液。

胆固醇和甘油三酯

亲水的外侧

亲脂的内侧

共同组成脂蛋白

好胆固醇和坏胆固醇的关系

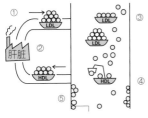

动脉硬化的开始

①饮食中摄取过多的胆固醇。
②为了运送大量的胆固醇，LDL 也增加了。
③运送到全身之后，仍有剩余的 LDL 就留在血液中。
④HDL 将多余的胆固醇回收，但是 LDL 的量太多而无法完全回收。
⑤未被回收的 LDL 附着在血管壁上，使血管变窄，造成血液循环不畅。

坏胆固醇对身体的不良影响

当血液中多余的 LDL 胆固醇，也就是坏胆固醇附着在动脉壁上时，体内的巨噬细胞就会聚集在该处，来吞噬、消除被氧化的 LDL。当它吞掉氧化 LDL 之后，就会成为泡沫细胞而留在血管壁上。

这样，被坏胆固醇和泡沫细胞所附着的血管壁就会变得凹凸不平，又厚又硬，导致血液的流动变得愈加不畅，这种状态被称为动脉硬化。当血液无法顺畅流动时，整个身体就会出现种种不适，最终发展成为威胁生命的疾病。

比如，在向心脏运送血液的血管中发生动脉硬化，会引发心绞痛和心肌梗塞。脑部血流不畅会引发

脑梗塞等。不管哪一个都是危及生命的疾病。另外，手脚的血流不畅，会造成疼痛、麻木而防碍活动。如果动脉硬化严重，导致血管闭塞，血液无法到达肢体的末端，造成细胞坏死，甚至会出现不得不截肢的情况。

除此之外，过剩的胆固醇还是引发胆结石的原因。

胆固醇过剩引起的疾病

心绞痛、心肌梗塞 脑梗塞

血栓闭塞性脉管炎

胆结石

高脂血症

高脂血症是指血液中的胆固醇和甘油三酯水平过高，有以下几种类型：

仅胆固醇水平偏高的称为高胆固醇血症；仅甘油三酯水平偏高称为高甘油三酯血症；而胆固醇和甘油三酯水平都偏高就称为混合性高脂血症。

胆固醇增加的主要原因在于饮食

我们的身体一天所需的胆固醇量是 1～2 克。只有确保了必要的摄取量，才能满足身体机能的正常需要。

但是,过度摄取胆固醇却会破坏体内胆固醇量的平衡,使得坏胆固醇的量增加。日常生活中,如果食用过多含有胆固醇的食品,如动物性脂肪等,就会使胆固醇含量显著上升,从而影响健康。

随着年龄的增长,细胞的胆固醇消耗量也在减少,其结果是胆固醇的蓄积量越来越大。另外,肝病、糖尿病、甲状腺素分泌异常或用药等,也会造成胆固醇值的升高。此外,由于家族的遗传,也会使某些人体内的胆固醇容易增加。

治疗高胆固醇血症

因摄入过多胆固醇而引发的高胆固醇血症,应该首先尝试通过饮食和运动疗法来降低胆固醇水平。当无法降低时再进行和药物疗法并用的治疗。

不过,胆固醇水平也不是越低越好。太低的时候又会引起别的疾病,所以在进行饮食和运动疗法时应在医生的指导下进行。

通过血液检查可知道胆固醇值

胆固醇增加过多,坏胆固醇会附着在动脉壁上,初期完全没有自觉症状。等到有了自觉症状时,动脉硬化往往已经发展到了相当严重的程度了。

所以,我们最好定期检查身体,通过血液检查提早发现胆固醇值的异常,避免动脉硬化的发生。

通过血液检查,在测定胆固醇值的同时,还能测定甘油三酯值。为了得到准确的测定,医院会要求在检查前夜的9点以后不得进食。检查当天还要对有无自觉症状,有无糖尿病、肝病、甲状腺病等既往史,及有无家族病史、是否正在服药等进行问诊。此外,还应对过去3日到1周内的饮食内容、运动和吸烟、酒精摄取量等进行相关调查。这些调查对于了解胆固醇显著升高的原因是很有必要的。

除抽血检查之外,还要通过测定脉搏、血压、体重、身高等来检查肥胖程度。有时还要进行眼底检查、心电图检查、尿检等。

通过这些检查,医生可得知是否有必要进行更精密的检查。如通过测定血液中的脂蛋白和脱辅基蛋白,而详尽地了解究竟哪里出现了异常。

胆固醇值的检查是这样进行的

· 检查前夜
夜晚9点以后禁止进食。

· 检查当天
问诊、登记调查(过去3日到1周内的饮食内容、运动、吸烟、精神等相关的生活习惯)。
测定(血压、脉搏、身高、体重等)、抽血、眼底检查、尿检、心电图等。

胆固醇值异常升高时，皮肤的表面会出现胆固醇肿块（黄色瘤）。常见于眼睑、臀部、手背、肘和膝关节等处，为淡黄色的脂肪肿块。这表明身体可能已发展成动脉硬化等重症，应该马上进行检查。

遗传性的易出现高脂血症的人，最忌讳变胖，同时对跟腱粗大、黑眼珠的上下侧出现新月形的白色弧状浑浊（叫做角膜环）等症状都要给予重视。

当家族中有高胆固醇病史时，要从幼儿期就要注意脚踝的粗细程度和黑眼珠周围部分的情况。

减少坏胆固醇的 8 种食物

芝麻 * 天然、强效的胆固醇治疗药

芝麻除了具有滋养强壮和恢复体力的作用之外，还有抑制坏胆固醇（LDL）产生的功效。这要归功于一种叫做芝麻酚的抗氧化物质。

芝麻酚是芝麻中所含有的，在精制芝麻油的过程中变化而来的。因此，比起芝麻本身，芝麻油（即香油）中含有更多的芝麻酚。

芝麻酚的抗氧化作用体现在防止 LDL 被氧化。只要 LDL 不被氧化，吞噬异物的巨噬细胞的聚集也就被抑制了。这样就不会出现巨噬细胞的残骸，血管壁就不会变得狭窄。所以，通过芝麻酚可以有效地避免动脉硬化的发生。

芝麻中丰富的芝麻酚能发挥效力

抗氧化能力是药物的 10 倍

科学家的研究显示，芝麻酚的抗氧化能力是高脂血症治疗药丙丁酚的 10 倍。此外，芝麻种子中含有的芝麻醇配糖体成分被摄入人体后，肠内细菌会将其转变为芝麻醇，也表现出很强的抗氧化能力。可见芝麻是天然、强效的胆固醇治疗药。

芝麻中所含的抗氧化物质不仅有芝麻酚，还有丰富的维生素 E，油酸、亚油酸等不饱和脂肪酸，以及多酚和维生素 B_2（核黄素）等成分，均有抗氧化、减少胆固醇的作用。

芝麻中的微量成分硒也是很重要的，它和维生素 E 共同作用，能加强维生素 E 的效果。而且，硒是谷胱苷肽过氧化物酶的主要成分，对于消灭自由基起重要作用，所以芝麻被列为强效抗氧化食品。

顺便说一句，芝麻有白芝麻、黑芝麻、金芝麻、黄芝麻等种类，做芝麻油的原料是白芝麻。

坏胆固醇蓄积后的不良后果

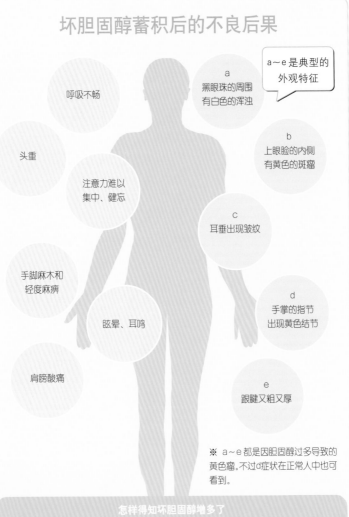

a~e 是典型的外观特征

呼吸不畅

头重

注意力难以集中、健忘

手脚麻木和轻度麻痹

眩晕、耳鸣

肩膀酸痛

a
黑眼珠的周围有白色的浑浊

b
上眼睑的内侧有黄色的斑瘤

c
耳垂出现皱纹

d
手掌的指节出现黄色结节

e
跟腱又粗又厚

※ a~e 都是因胆固醇过多导致的黄色瘤。不过d症状在正常人中也可看到。

怎样得知坏胆固醇增多了

· 坏胆固醇是多是少,可以通过检查血液总胆固醇值得知。总胆固醇中约2/3是坏胆固醇,所以总胆固醇越高,可推测出坏胆固醇也越多。

· 总胆固醇值超过220毫克／分升时需要引起注意。同时,坏胆固醇值低于40毫克／分升时,也是值得注意的信号。

· 最近LDL胆固醇很受重视。其正常值是70~139毫克／分升。当达到140毫克／分升以上时,需要注意。

· 出现黄色瘤的人,总胆固醇值超过300毫克／分升的可能性很大。

· 甘油三酯值超过50~149毫克／分升的人,或者肥胖度(BMI指数)超过22的人也需要注意。(关于肥胖度请参照本书88页)

芝麻中所含的有效成分

维生素E　芝麻酚
硒　油酸
亚油酸　维生素B$_2$

食用芝麻有讲究

　　芝麻作为配料在各种食品中可灵活应用。为了防止坏胆固醇的增加，预防动脉硬化，请多吃点芝麻吧。

　　但芝麻放置久了容易被氧化，所以最好在食用前再研磨、拌炒。可以在面类和米饭中加入芝麻，或是搭配海藻类和蔬菜食用。

　　芝麻中还含有芝麻酚林，也具有抗氧化作用。经加热后，芝麻酚林会变成有更强抗氧化能力的芝麻酚，所以最好炒过以后再食用。

　　另外，因为芝麻外皮为无法消化的食物纤维，所以充分研磨后食用效果更佳。

绿茶 * 有效降低胆固醇水平

　　平时我们所饮用的绿茶中，含有多种有益于人体的成分。比如，维生素C、维生素E、β-胡萝卜素、儿茶酚、氨基酸、氟素、γ-氨基丁酸、多糖类等。

　　其中的儿茶酚——多酚的一种、茶叶中的涩味成分，能防止血液中胆固醇和甘油三酯的淤积。儿茶酚通过增加体内有益菌群，促进有益菌群以胆固醇作为原料合成胆汁酸进而排出体外，避免了胆固醇的增加，从而减少了动脉硬化的可能性。

　　儿茶酚还有抗氧化作用，表现为防止坏胆固醇的氧化和预防动脉硬化。此外，它还能抑制血液凝固，因此降低了血栓引发心肌梗塞和脑梗塞的危险性。

　　除上述作用外，喝茶还能够降低血压和血糖，通过杀菌作用防止食物中毒和蛀牙。近年来，科学家还发现，经常喝茶有抑制癌症和癌细胞转移的功效，茶叶的地位从而上升到一个新的高度。

怎样喝茶更有效

　　茶中的儿茶酚，泡一次少一些。比起第一次，从第二次泡的茶中摄取的儿茶酚的量要少5~6成，第三次泡之后会更少。为了更有效地摄取儿茶酚，请在泡过两次之后就更换茶叶。

　　如果像抹茶那样混合成茶叶粉末后喝，更能提高效果。

为摄取茶中的儿茶酚，最好只泡两次。

干香菇 * 促进胆固醇代谢

香菇中含有一种叫做香菇嘌呤的特有成分,能促进肝脏中胆固醇的代谢,从而抑制血液中胆固醇的增加。这种成分在香菇的伞状部分中含量较多。有报告显示:每天食用9克干香菇(大约两个),坚持一周后,胆固醇值能下降约10%。

香菇中丰富的食物纤维也能稳定胆固醇和血糖。由于它含有很多能够促进钠排泄的钾,因此还有降低血压的功效。

香菇中还含有维生素D及香菇特有的麦角固醇(即维生素D_2原),能够帮助钙的吸收,此外,香菇还有能抑制癌的发生和转移的蘑菇多糖等有效成分。

新鲜香菇在阳光下晒干后,营养价值和药效都可提高。晒时要将伞盖内侧朝上对着阳光。

地摄取香菇嘌呤。香菇中的β-葡聚糖也是水溶性的,如果洗的话,成分就溶解流失了,因此,最好尽量缩短香菇的水洗过程。另外,该成分也不耐热,因此应避免高温、长时间地烹调。

香菇的有效成分(100克中)

成分＼性状	生香菇	煮的干香菇
热量	18千卡	42千卡
钙	280毫克	220毫克
食物纤维	3.5克	7.5克
维生素D	2微克	2微克
维生素B_2	0.19毫克	0.23毫克

泡香菇的水不要倒掉

香菇嘌呤容易溶解于水中。将干香菇泡在一杯水中,然后放入冰箱存放一晚,香菇嘌呤就会溶解出来。饮用了这种浸泡汁后,能充分

柑橘类 * 强化血管

大家都知道柑橘中富含维生素C。维生素C有抗氧化作用,能防止坏胆固醇被氧化,而且,它还能促进细胞结缔组织胶原蛋白的合成,强化血管细胞的组织。

橘瓣薄膜上的白色筋状物中含有丰富的食物纤维。食物纤维能帮助减少血液中的胆固醇,抑制餐后血糖的上升。另外,薄膜上含有黄酮类,有强化毛细血管的作用。

怎样食用更有效

吃柑橘、橙子这类水果的时候,很多人都会剥掉橘瓣上那些白色筋状的物质和薄膜,岂不知这样做其实是很不科学的。由于这些白色筋状中含有丰富的食物纤维和黄酮,所以最好一同吃进去。

柑橘类的营养成分（100克中）

成分 \ 种类	温州橘	新鲜葡萄柚	葡萄柚浓缩还原果汁	柠檬
热量	46千卡	38千卡	35千卡	54千卡
维生素C	32毫克	36毫克	53毫克	100毫克
食物纤维	1.0克	0.6克	0.2克	4.9克
钾	150毫克	140毫克	160毫克	130毫克
胡萝卜素	1000微克	几乎没有	110微克	26微克

如果你实在懒得吃水果或者不方便的时候，为了获取维生素C，饮用100%鲜橙汁也可以满足需求。

黄豆 * 促进脂质代谢，防止动脉硬化

黄豆中含有很多有效成分，其中具有预防动脉硬化效果的是黄豆皂角苷、黄豆异黄酮与卵磷脂。

黄豆皂角苷有防止过氧化脂质增加的作用，所以能抑制坏胆固醇的氧化，而且，它还能够促进脂质代谢，防止肥胖。

黄豆异黄酮与女性的雌激素有相似的作用，能够将血液中多余的脂质回收到肝脏，起到防止动脉硬化的作用。

卵磷脂也叫磷脂，可以将血液中残留的胆固醇回收，运往肝脏。

除此之外，黄豆还含有食物纤维和钙、维生素类等有益人体的成分。

各种黄豆加工食品都有效

黄豆可制成各种加工食品。比如豆粉、豆浆、酱油、豆腐、豆腐皮、豆腐乳、油豆腐等，它们的加工方法不同，形态多种多样，不过在有效成分上没有变化。

不仅如此，加工成豆腐皮后，钙和胡萝卜素含量还会增加，而豆豉经过加工后会生成新的有效成分豆豉激酶。

这些含有丰富的有效成分的黄豆以及黄豆加工食品，最好每天的餐桌上都要有一些。

坚果类 * 只减少坏胆固醇

杏仁、核桃、花生等坚果中含有一种丰富的不饱和脂肪酸——油酸。

不饱和脂肪酸具有减少坏胆固醇的功能。不过，多价不饱和脂肪酸摄取过多的话，连好胆固醇也会减少；而作为单价不饱和脂肪酸的一种——油酸，则具有只减少坏胆固醇的特点。

除此之外，这些坚果成分中维生素E和矿物质硒的含量也很高，能防止胆固醇的氧化。

坚果类中维生素 E 和脂肪酸的组成（100 克中）

种类			杏仁（干）	腰果（油炸）	核桃（炒）	花生（炒）
维生素E			31.2毫克	1.1毫克	3.6毫克	11.4毫克
脂肪酸组成	不饱和	单价	67.5%	60.6%	15.2%	49.8%
		多价	24.4%	17.7%	74.5%	31.4%
	饱和		8.1%	21.7%	10.3%	18.8%

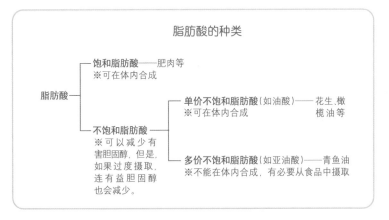

脂肪酸的种类

脂肪酸 ── 饱和脂肪酸 ── 肥肉等
※可在体内合成

　　　　── 不饱和脂肪酸
※可以减少有害胆固醇，但是，如果过度摄取，连有益胆固醇也会减少。

　　　── 单价不饱和脂肪酸（如油酸）── 花生，橄榄油等
※可在体内合成

　　　── 多价不饱和脂肪酸（如亚油酸）── 青鱼油
※不能在体内合成，有必要从食品中摄取

海带、紫菜 * 抑制胆固醇、血压、血糖的上升

海藻中所含的藻朊酸、丙氨酸、墨角藻聚糖、钾、钙、镁等有效成分有助于改善高血脂和高血压。

特别是海带和紫菜等褐色藻类中特有的墨角藻聚糖，功效很受瞩目。墨角藻聚糖是在褐藻类的表皮附近含量较丰富的糖类，是一种黏性成分。这一成分能抑制胆固醇、血压、血糖的上升，还能抑制血液的凝固。因此，它能防止动脉硬化和血栓，它还有提高免疫力、预防过敏和癌症的作用。

除此之外，有报告说叶绿素和碘也有降低胆固醇的作用。

因为海带的有效成分中很多都是水溶性的，所以建议喝海带水。将海带加水，文火熬一晚，第二天早上，海带的成分即全部溶于水。

墨角藻聚糖的保湿作用让肌肤滋润柔滑

墨角藻聚糖还有保湿作用。对于生活在海洋中的植物褐藻类来说，水分就是生命。在受到太阳照射时，必须使水分不被立即蒸发，所以黏液中的墨角藻聚糖有着很强的保湿能力。

这一保湿效果对于人的皮肤也是同样的，所以，可以将其用做化妆品中的保湿剂。

化妆品中常使用褐藻类作为原料

橄榄油 ＊ 预防老化有特效

橄榄油中所含的脂肪酸是属于单价不饱和脂肪酸中的油酸。油酸能减少坏胆固醇，同时保持好胆固醇的量，使血液中的脂质保持平衡状态。

橄榄油中油酸含量超过70%，而且还含有丰富的β-胡萝卜素、维生素E、多酚，这些物质都是防止自由基伤害的抗氧化物质，所以橄榄油又被称为预防老化的特效食品。而且，植物油中含有β-胡萝卜素的只有橄榄油。不过要注意的是，大量摄取橄榄油可能会造成热量过多。

特级初榨橄榄油油酸含量最高

橄榄油根据其制法的不同有不同的叫法。

最初榨成的称为初榨橄榄油，

主要的油类中油酸的含量
（100克中 单位：%）

油类	含量
橄榄油	71.9
葵花油	60.6
花生油	45.9
牛油	45.8
猪油	42.7
米糠油	42.0
芝麻油	39.3
玉米油	28.9
大豆油	23.1
棉籽油	18.5

第二次榨出的称为精炼橄榄油，将初级橄榄油和精炼橄榄油混合后的称为纯正橄榄油。

另外，初榨橄榄油根据油酸的含量不同，也有级别之分。油酸含量最多的是特级初榨橄榄油，其次是优级初榨橄榄油，之后是普通级初榨橄榄油。

简单易行的其他疗法

行走 * 消耗脂肪，促进血液循环

行走不用花钱，而且随时随地都可以进行，是一项弥补运动不足的卓有成效的有氧运动。它尤其能够消耗血液中的胆固醇、甘油三酯和糖。只要血液中的脂肪和糖不会积存，就能够防止动脉硬化。

快步行走还能促进血液循环，稳定血压，激活心脏机能。血液的顺畅流动对于血管也会产生有益的影响,利于维持血管的柔韧性和弹性。

穿专用的鞋，保护脚部

想要达到使血管和血液活性化的目的，一定要持续行走很长时间。为了使步行更舒适，首先要选一双舒适的鞋。如果穿着磨脚或者着地时对膝部有冲击的鞋子，会导致身体的损伤。挑选鞋时，应选择能缓解冲击力的、鞋底较厚的鞋子。而且不能顶脚，脚指在鞋中要有活动空间。

此外，已经有动脉硬化及其并发症的人，在行走之前，一定要先和医生商量。

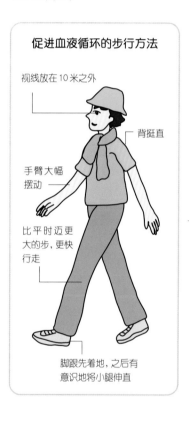

促进血液循环的步行方法

视线放在 10 米之外

背挺直

手臂大幅摆动

比平时迈更大的步，更快行走

脚跟先着地，之后有意识地将小腿伸直

•减少内脏脂肪, 预防心肌梗塞•

过多的内脏脂肪会引发重大疾病

根据脂肪堆积的部位, 肥胖分为两种类型。一种是皮下脂肪型肥胖, 即皮下聚积脂肪造成的肥胖。其特征是下腹部、大腿内侧、臀部等下半身聚积脂肪。因外观似梨形, 也被称为梨型肥胖, 以年轻女性比较多见。

还有一种是内脏脂肪型肥胖, 脂肪堆积在腹腔内, 形成啤酒肚体型。从外观上看, 又被称为苹果型肥胖, 多见于中老年男性和更年期以后的女性。因为脂肪未附着于皮下而在内脏, 所以虽然腰很粗, 但表面捏不到脂肪。

皮下脂肪型肥胖者不必担心会有重大疾病, 但是内脏型肥胖者则易患高脂血症、高血压以及动脉硬化等生活习惯病。

要判断肥胖的类型, 不能单纯依据其外观, 因为有些内脏脂肪型肥胖者, 从外表上看起来并不很胖, 而有时从外表上看起来是苹果型肥胖的, 事实上却是由皮下脂肪造成的。

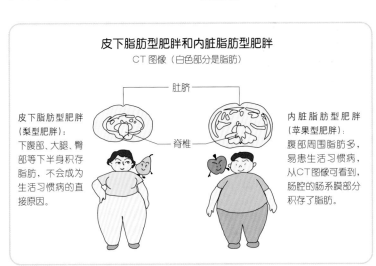

皮下脂肪型肥胖和内脏脂肪型肥胖
CT 图像 (白色部分是脂肪)

肚脐

脊椎

皮下脂肪型肥胖
(梨型肥胖):
下腹部、大腿、臀部等下半身积存脂肪, 不会成为生活习惯病的直接原因。

内脏脂肪型肥胖
(苹果型肥胖):
腹部周围脂肪多, 易患生活习惯病, 从CT图像可看到, 肠腔的肠系膜部分积存了脂肪。

当腹部和腰部都有脂肪,难以判断是苹果型还是梨型的时候,可以通过量腰围(W)和臀围(H)来判断,W/H(腰围除以臀围)值,男性超过1.0,女性超过0.9,则是苹果型。如果超过1.2,就十分危险了。

容易积存内脏脂肪的人

· 吃饭很快的人。

· 晚上8点过后吃饭的人。

· 每天只吃两顿饭的人。

· 喜欢油腻食品的人。

· 喜欢甜食的人。

· 大量饮酒者。

· 每天抽烟20支以上的人(推测是因为尼古丁刺激生长激素,活化脂肪代谢)。

甘油三酯蓄积造成肥胖

甘油三酯和脂肪的蓄积有紧密联系。甘油三酯是脂质的一种,它和胆固醇一样,对于维持生命必不可少。

我们从食品中摄入脂质、糖分和蛋白质,然后它们很快就作为能量被消耗掉了。

无法消耗的部分就通过血液运送到皮下的脂肪细胞和肝脏中,变成中性脂肪贮藏起来。在食品补给不足或因剧烈运动造成的能量不足时,贮藏的甘油三酯会分解成游离脂肪,然后送到全身作为能量而被消耗。

甘油三酯不仅是肌肉运动的重要的能量,在皮下还有保持体温的功能。此外,腹部的皮下脂肪还能够保持肠、胃等脏器免受外力冲击。

如此重要的甘油三酯,会因为饮食过量而营养过剩、运动不足而消耗太少大量贮存下来。皮下脂肪增加,身体就变得肥胖。过多的甘油三酯不仅蓄积于皮下,在血液和肝脏中也很多。

甘油三酯和胆固醇

甘油三酯和胆固醇都是脂质,都是以脂蛋白形态溶于血液中。虽然两者很相像,但也有明显的不同之处。

首先是功能的不同。胆固醇用来制造体细胞,甘油三酯则作为身体活动的能量而被使用。此外,甘油三酯值在饭后会迅速上升,胆固醇值在饭后却几乎不变。

同样是高脂血症,高胆固醇血症和高甘油三酯血症的治疗方法不同。

一部分糖分也会变成甘油三酯

虽然甘油三酯是脂质,但是糖分的一部分也会转化为甘油三酯,作为能量贮藏起来。因此,摄取过多糖分也会使甘油三酯增多。

不光是动物性脂肪和油,水果和糖、果汁类也应注意不要吃得太多。

过多的甘油三酯会引发重大疾病

甘油三酯过多时,血液中的中性脂肪值就会升高。甘油三酯值过高的状态,被称为高甘油三酯症。

甘油三酯值过高,有益胆固醇就会减少,同时,有害胆固醇却会增加;吞噬它的巨噬细胞残骸会使血管变狭窄，引起动脉硬化。有过多甘油三酯的血液浓稠且易于凝固，这使得动脉硬化进一步恶化。

动脉硬化进一步发展后，会引发多种疾病。动脉硬化发生在心脏血管，会引起心绞痛；发生在脑血管，会引起脑梗塞；发生在肾脏血管，会引起肾硬化；发生在脚的血管，则会引起闭塞性动脉硬化症。而心脏血管完全堵塞时，就会引发心肌梗塞；脑血管堵塞，则会引发脑栓塞。

甘油三酯值过高，对胰腺也有不良的影响，易引发急性胰腺炎。当胰腺发生障碍，胰岛素无法正常分泌，血液中的葡萄糖增加，就有可能引发糖尿病。同时，血液中的甘油三酯过多时，脚关节发生痛风的概率也会变高。

另外，肝脏蓄积甘油三酯后会形成脂肪肝。脂肪肝容易发展成肝硬变，甚至导致死亡。

内脏脂肪还会分泌制造血栓的物质

内脏脂肪会分泌血纤维蛋白溶酶原活化物质 (PA-1)。这一分泌物有堵塞伤口的作用，分泌量增多时，对溶解血栓的因子会有影响，使之机能减弱，因而容易形成血栓。血栓形成后，血流瘀滞，会引发心肌梗塞和脑梗塞。

定期检查可减少甘油三酯

同胆固醇值和血糖值一样，甘油三酯值上升后相当一段时间内，也几乎没有任何自觉症状，常常是已发展成动脉硬化等疾病后，才开始出现症状。

在此之前，为了解甘油三酯值是否异常，最好还是定期接受健康诊断，进行血液检查。从采样的血液中分离出血清，首先要测定血清中所含胆固醇的量，然后再测定甘油三酯和 HDL 胆固醇（有益胆固醇）的量。除此之外，还要进行问诊、饮食调查、脉搏和血压的测定，视情况也会进行心电图和胸部X射线检查。

甘油三酯增加的原因，主要是饮食过量。甘油三酯的增加常常会导致肥胖，所以经常将自己的体重和标准体重比较，进一步检查体脂肪的量是很重要的。

为了解自己的肥胖度，可用BMI计算式进行计算。用体重（千克）除以身高（米）的平方就能得出自己的BMI数值。理想的BMI数值是22，BMI值在25以上就是超重。

为了知道自己的标准体重，可以用身高（米）的平方乘以BMI理想值22。

不过有人由于运动锻炼肌肉，使得体重增加，为了得到更正确的肥胖度，不仅需要了解BMI和标准体重，还应测定体脂肪。可以通过体脂肪计来测定，市面上也有能测定体脂肪的体重计出售。

肥胖度检查

注意,体重过高、吃得过多或运动不足等,很容易导致肥胖。

BMI 指数 = 体重(千克)÷身高(米)÷身高(米)

标准体重(千克)= 身高(米)×身高(米)× 22

肥胖度(%)=〔实测体重(千克)-标准体重(千克)〕÷标准体重(千克)× 100%

判定	低体重	正常	超重	肥胖
BMI	<18	≥18 ≤25	>25 ≤27	>27
肥胖度	低于−10%	−10%～10%	10%～20%	高于20%

儿童期就开始肥胖的人,也能瘦下来

几年前有说法称,脂肪细胞一旦增加后,一生都无法减少,脂肪细胞越多的人越难瘦下来。现在认为,这一说法是有问题的。

内脏脂肪多的人,脂肪细胞数目也多,脂肪增到一定程度,脂肪细胞就会分裂、增加,那么只要减少脂肪,就能够减少分裂,使脂肪细胞的数目减少。所以,即使是幼儿期就开始肥胖的人也不要放弃,努力减肥吧。

使内脏脂肪减少的 6 种食物

乌龙茶 ＊ 多酚和咖啡因有助于脂肪燃烧

乌龙茶是将山茶的幼芽揉制后,放置自然发酵而成的茶叶。

乌龙茶中含有多酚和咖啡因等成分,前者能使兴奋交感神经的激素(肾上腺素)分泌增加,后者则能抑制肾上腺素的分解。两者相加的效果是,促进消耗体内蓄积的脂肪。

想要提高乌龙茶的效果,可以多放些茶叶在茶壶中,再用热开水冲泡,使用热水能从茶叶中充分地浸出多酚等有效成分。

除了乌龙茶之外,能减少体内脂肪的茶还有普洱茶。它是在茶叶中放了酵母菌,长时间发酵制得的,富含能分解消化脂肪的酶。

发酵茶的种类

发酵茶	不使用微生物,自然发酵(正确说法是氧化)
	乌龙茶 γ酪氨酸茶 红茶等
后发酵茶	使用微生物发酵的茶
	普洱茶(黑茶) 茶砖 阿波粗茶等

内脏脂肪蓄积后的不良后果

注意力难以集中、健忘

头重感

脖子不舒服

耳鸣、目眩

肩膀酸痛

发冷、出汗

典型的自觉症状

腹部很胖

上腹部痛

呼吸不畅、心率过速

脚的拇指根部疼痛（痛风）

※即使内脏脂肪堆积，甘油三酯增加，也没有自觉症状。因此，当出现这些自觉症状之后，人体往往已经患有动脉硬化及其并发症了。

简单诊断的标准

· 仰卧屈膝，捏肚脐的左右，如果能捏起脂肪则是"梨型"，如果只捏起皮，则是"苹果型"。

· 甘油三酯的检查值超过标准值的50～149毫克／分升时，就需要注意了。肥胖度（BMI指数）超过理想值22，体脂肪男性超过标准值15%～20%，女性超过20%～25%，都是内脏脂肪堆积的证据。

· 肥胖度超过30，发生生活习惯病的概率会变高。

咖啡 * 在咖啡因的作用下燃烧脂肪

咖啡中含有咖啡因,具有促进脂肪燃烧的作用。咖啡因进入体内后,使交感神经兴奋的肾上腺素的分泌就变得旺盛。肾上腺素能使体内蓄积的脂肪燃烧,从而减少体脂肪量。

运动之前喝咖啡,能更有效地燃烧脂肪。

不过,夜晚睡觉前喝含有咖啡因的咖啡会妨碍入睡。而且要注意的是,为了燃烧脂肪而喝过多的咖啡对胃不好。

值得注意的地方

喝咖啡时,不要放太多砂糖。

虽然咖啡中的咖啡因有燃烧脂肪的作用,但是放了砂糖再喝,反而可能增加甘油三酯。特别是因为砂糖很快被肠道吸收,会使血糖值迅速上升。

此外,蛋糕和黄油等西式糕点,除了糖分之外,黄油和鲜奶油等脂质含量也很高,过多食用会转化为内脏脂肪。因此,请不要经常一边喝咖啡一边吃点心。

含有咖啡因的饮品

咖啡	红茶
绿茶	乌龙茶
可乐	可可饮料

富含卵磷脂的食物 * 溶解并且排出积存的脂肪

卵磷脂是细胞膜和脑神经组织的构成成分,也是肝脏合成胆汁酸的必要成分。除了维持身体的功能之外,卵磷脂还有预防疾病等多种作用。

卵磷脂具有乳化的作用,能够溶解脂质,防止内脏脂肪的蓄积。目前,已经研发出利用卵磷脂的乳化作用来治疗高脂血症的药。

另外,它还能够抑制肠道内脂肪的吸收,防止在肝脏中进行脂质分解再合成,从而预防脂肪肝的形成。

卵磷脂还能强化细胞膜,使毛细血管变得强韧,防止有害胆固醇附着等造成的血管损伤和因动脉硬化造成的血管变脆弱。

富含辣椒素的食物 *
辣味成分可促进代谢,加速脂肪分解

辣椒素是辣椒中所含的辣味成分,也是红色色素。

辣椒素能刺激中枢神经,促进肾上腺皮质分泌肾上腺素。从而活化分解脂肪的酶——脂肪酶,使脂肪易于作为能量消耗掉。

也就是说,它能减少体内积存的内脏脂肪,预防肥胖。如果摄取的同时能进行适度的运动,更能提高效果。

除此之外,它还能有杀灭胃肠内的细菌、提高免疫力和使心脏良好工作等功效。

辣椒素在朝天椒等果实很小的辣椒中含量较多,而且比起果肉部分,种子中含量更多。

辣椒素的功效

减少内脏脂肪	防止肥胖
提高心脏的功能	胃肠内的杀菌
提高免疫力	提高胃的功能
消除疲劳	促进新陈代谢

甲壳质·壳聚糖食品
* 动物性食物纤维能促进脂肪排泄

甲壳质·壳聚糖是以蟹和虾等甲壳类的壳或墨鱼的软骨中所含有的甲壳质为原料,去除蛋白质和碳酸钙等,进行化学处理后得到的动物性食物纤维。由于从蟹壳中可获得较丰富的甲壳质,现在主要以它为原料。

甲壳质·壳聚糖能抑制分解脂肪的胰蛋白酶,使肠道吸收的脂肪减少,体内就不易积存脂肪。

而且,它还能吸附消化液中的胆汁酸,促使其排泄。为了分泌新的胆汁酸,身体就要消耗肝脏中的胆固醇,使得胆固醇值下降。

从食品中摄取的氯也会被甲壳质·壳聚糖吸附排出。氯与血压上升有关,因此,甲壳质·壳聚糖对血压上升也有防范作用。

甲壳质·壳聚糖进入胃中后,在胃液的作用下溶解,和食物中的糖结合并排出体外,可以防止血糖值上升。

带正电位的特殊食物纤维

甲壳质·壳聚糖具有其他食物纤维所没有的特殊性质,那就是它带有正电位。

它对由食品摄入的氯和消化液中的胆汁酸有吸附和促进排泄的作用,就是因为氯和胆汁酸是带负电的,所以易被带正电的甲壳质·壳聚糖吸附。

甲壳质·壳聚糖能使血压和胆固醇值正常,也是因为它有正电位。

健康关照

特定保健食品是指获得政府许可的功能性食品

甲壳质·壳聚糖中含有的食物纤维、氨基酸、壳寡糖等成分,能促进有害成分的排泄,提高肌体的抵抗力和植物神经的功能。此外,它还对过敏症、癌症、更年期障碍等多种症状有改善效果,能预防疾病。

只有具备这些效果和机能,并且有安全性认证的食品,才能被政府认可为特定保健食品。

补充甲壳质·壳聚糖时请选用值得信赖的厂家

现在,甲壳质不仅可作为健康辅助食品,还可以作为特定保健食品而制成饼干等在市场上出售。

药店等处出售的种类有粉末、片剂、颗粒,还有一并补充其他营养物的软胶囊。请选择适合自己服用的类型。注意:它的效果有个体差异,所以请先选购少量,服用数周试试看。

另外,不要买劣制品,建议选择值得信赖的制造商。选择设有售后服务部门、能够充分咨询了解情况的制造商。

虽然这些相关产品没有什么副作用,但是根据体质不同,也可能出现便秘、腹泻、困倦等情况。如果这种症状长期持续,请暂时停止服用,向制造商、销售咨询处或医生、药剂师咨询一下。

在仔细确认制造日期、保质期之后再买

韭菜 * 降低血脂，减少内脏脂肪堆积

韭菜不仅营养丰富，还有一定的药用价值。韭菜含有挥发性精油及含硫化合物，具有促进食欲和降低血脂的作用，对高血压、冠心病、高血脂有一定疗效。含硫化合物还具有一定杀菌消炎的作用。

现代医学研究还表明，韭菜含有较多纤维素，可增强胃肠蠕动，有很好的通便作用，能排除肠道中过多的脂肪及毒素，从而有效地减少内脏脂肪的堆积。

除此之外，韭菜中含有蛋白质、B 族维生素、维生素 C，以及钙、磷等。韭菜中的胡萝卜素含量也很高，仅次于胡萝卜。

虽然吃韭菜有这么多好处，但是多食会上火且不易消化，因此阴虚火旺、有眼疾和胃肠虚弱的人不宜多食。

韭菜的主要营养成分（100 克中）

热量	16千卡
蛋白质	2.7克
脂肪	0.4克
食物纤维	1.6克
钙	48毫克
磷	38毫克
维生素B₆	0.16毫克
胡萝卜素	7.99毫克

简单易行的其他疗法

有氧运动 * 对于减少体脂肪必不可少

为了锻炼肌肉，进行充分呼吸的有氧运动是很有效的。

实际上，通过运动直接减少的体内积存的内脏脂肪并不是很多。比如，即使跑完全程马拉松（42.195 千米），能减少的内脏脂肪也不过 300 克。

尽管如此，运动却必不可少。其原因在于，通过运动锻炼肌肉能提高代谢能力。由于肌肉的形成，即使不运动，能量的消耗量也增加了，从而能使脂肪自然地减少。

如果减肥却不锻炼肌肉，在脂肪减少的同时又会积聚脂肪，这也就是所说的反弹。

有氧运动包括：游泳、骑自行车、做体操、慢跑、打保龄球、步行和跳舞等。

运动量最好的衡量标准就是脉搏，50 岁的人脉搏大约到 110 次/分钟，60 岁的人大约到 100 次/分钟是适度的。请注意保持能够边说话边运动的程度，如果坚持一周3次、

一次 30~40 分钟的运动，半年后，就可以看到肌肉形成的效果。

无氧运动无法期待减肥效果

像短跑和举重物等瞬间屏息发力的运动，是无氧运动。

在停止呼吸的瞬间，氧气无法运输，就不能像有氧运动那样消耗脂肪。另外，这类运动还易使肌肉受伤，容易生成疲劳物质乳酸，引起肌肉痛，而且，猛然用力做动作会使血压上升。因此，如果是以预防生活习惯病和一般的健身为目的，不适合做无氧运动。

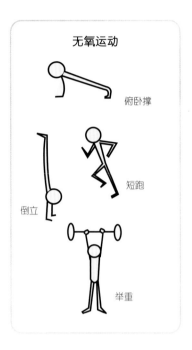

无氧运动

俯卧撑

倒立

短跑

举重

改善浓稠的血液,预防血栓

浓稠的血液阻塞血管

健康状态的血液能在血管中顺畅地流动,并向全身运送氧气和营养。血液中含有红细胞、白细胞、血小板三种血细胞以及液体成分的血浆。

其中红细胞含量最多。红细胞将呼吸时吸入体内的氧气运送到全身,并回收已变成废弃物的二氧化碳。

白细胞有免疫功能,起着保护肌体不受细菌和病毒等的侵入和感染的作用。

血小板则在血管受伤之后,聚集在受伤部分,起修复伤口的作用。

血浆是透明的液体,其中90%都是水分,还含有从食品中摄取的蛋白质、脂质、维生素和激素等。血浆将这些营养物运送到全身各器官。血浆中还含有凝血因子,能阻止血液从受伤的血管中流出,起止血的作用。

血液成分改变,形成浓稠状态

当血液成分发生变化后,血液就会形成浓稠的状态,不能在血管中顺畅流动。那么血液成分变化的原因是什么呢?

原因之一是水分不足。我们的身体需要经常补充水分,一旦水分不足,血液中的液体血浆也会减少。而作为血细胞的红细胞、白细胞和血小板的比例就会升高。液体成分的减少,将导致血液形成浓稠的状态。

摄入过多的营养成分也是原因之一。血浆中含有从食品中获得的营养成分,所以很容易受到饮食内容的影响。如果从食品中摄入过多的动物性脂肪,会造成血液中的胆固醇和甘油三酯过多,血液因此就会变成浓稠的状态。摄入过多的葡萄糖也会导致同样的状态,而且血液中的脂肪和葡萄糖过多,会引发红细胞聚集的现象。聚集后的红细胞无法在血管中顺畅流动,容易阻塞血管。

引起血液浓稠的原因

水分不足、摄入过多脂肪或葡萄糖、血管内皮受伤等,都会引起血液成分的变化,使血液流通不顺畅。

血管损伤也会令血液成分变化。血管内皮受伤后,为了修复创伤,血小板会聚集到该处使血液凝固,防止出血。若血小板和血凝块太大,就形成血栓附着在血管壁上。血管内皮细胞发挥正常机能时,会使血小板不易凝固,即使形成血栓也能使之溶解。但是,由于年龄增加、肥胖、压力、动脉硬化等原因使血小板变得易于凝固,发生血栓的概率也就上升了。

⬭ 表示动脉硬化部分

血管分支的转弯部位,血液容易停滞。

防止血栓形成的止血机制

血管内皮细胞发挥正常机能时,在其受伤后会通过如下机制防止血栓生成。首先,为了防止血小板聚集后凝固,血管内皮细胞会分泌一种叫前列环素的物质;为了防止过度凝固,还会分泌硫酸乙酰肝素;另外,还有溶解血栓的纤维蛋白溶酶原激活剂。这样,修复伤口的机能和抑制血液凝固的机能平衡地发挥作用,既能够修复创伤,同时又能够防止血栓的生成。

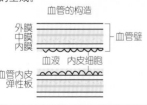

血管的构造

外膜
中膜 血管壁
内膜

血液 内皮细胞

血管内皮
弹性板

浓稠的血液与动脉硬化

浓稠的血液在血管中无法顺畅流动,如果同时还患有动脉硬化,血液的流动就会变得很糟。不仅如此,动脉硬化还会不断加重,甚至引发危及生命的重大疾病。

引起动脉硬化的原因,除了血管的老化,摄入过多的胆固醇也对此有很大的影响。附着在血管壁上的坏胆固醇被氧化后就变成氧化LDL胆固醇,它被巨噬细胞所吞噬。巨噬细胞吞噬过多的氧化LDL胆固醇后就变成了泡沫细胞,泡沫细胞作为残骸而积存在血管壁中并形成粥状凝固,会使得血管狭窄,引起动脉硬化。

发生动脉硬化的血管壁因增厚、失去弹性而变硬。血管壁变厚之后,血液流动的通道会变狭窄,于是血液无法顺畅地流动。当浓稠的血液流过狭窄的血管时,血液就更容易凝固。于是动脉硬化和浓稠的血液在互相的不良影响下,使得病情进一步恶化。

动脉硬化的患病率会随着人的年龄的增长而增加。值得一提的是,近年来,由于摄入过多动物性脂肪、运动不足和精神压力等原因,年轻患者也正在逐渐增多。

浓稠的血液与血栓

巨噬细胞为了吞噬氧化LDL胆固醇而进出血管壁,会引发很多创伤。为了修复这些创伤,血小板聚集凝固,形成血栓。血栓逐渐增大阻塞血管后,血液就无法流动。

一旦发生动脉硬化，血管就不可能再恢复到健康的状态。动脉硬化可以发生在全身各处的动脉。尤其在脑动脉、颈动脉、冠状动脉、肾动脉、股动脉等处发生的动脉硬化，会发展成重大的疾病。

如果全身的血管柔软而富有弹性，肌体就可以保持年轻。因此，应该从日常的生活习惯开始，努力预防动脉硬化和浓稠血液的出现。让浓稠的血液变得清澈顺畅，就可以抑制正在发展的动脉硬化。

尤其因动脉硬化使血管变得狭窄时，更容易出现血栓使血流完全断绝的情况。

一旦血栓从血管壁上剥落，就会随着血液循环流动，若流到血管狭窄的部分或分支的部位又会阻塞该处血管，这就叫做栓塞。

血栓是由于血小板聚集而形成的

血管壁受伤时，为了修复创伤，血小板会聚集过来。

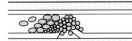

血小板凝固形成血栓，血栓阻塞血管会导致血液无法流动。

动脉硬化和浓稠血液的关系

坏胆固醇

多余的坏胆固醇进入血管壁，变成氧化LDL胆固醇。

巨噬细胞为了吞噬氧化LDL胆固醇，进入血管壁。

氧化LDL胆固醇

吞噬过多氧化LDL胆固醇的巨噬细胞变成了泡沫细胞。

粥状的氧化LDL胆固醇从泡沫细胞的残骸中流出。

粥状的氧化LDL胆固醇

血管壁内形成粥状的凝団，使得血管狭窄，发生动脉硬化。

浓稠的血液在狭窄的血管中流动，加速了动脉硬化的过程。

血栓和栓塞生成并阻塞血管后，该段血管应到达的部位就失去了血液供应，氧气和营养就无法运输，这部分的细胞就会坏死。有些部位的血管发生阻塞，甚至会危及生命。

冠状动脉出现血栓会造成心脏的肌肉坏死，引发心肌梗塞。当血流完全停止时，前胸会剧痛，人体会突然出现意识丧失以及心跳停止的状况。如果在3个小时之内采取急救措施，人体在恢复血流后，可以将心肌坏死抑制到最低限度，但已坏死的部分却无法再复原。

脑动脉被血栓阻塞后，会引起

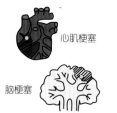

血栓造成心肌梗塞和脑梗塞

心肌梗塞

脑梗塞

血栓堵在冠状动脉就会引发心肌梗塞，堵在脑动脉就会造成脑梗塞。

脑梗塞。根据血栓的形成方式的不同，脑梗塞分成脑血栓和脑栓塞两种。在脑动脉生成的血栓阻塞血管后引起的是脑血栓。脑动脉以外的部位所生成的血栓脱落后流动到脑动脉中引起的阻塞则是脑栓塞。不管是哪一种情况，都会因为血液无法流通造成脑组织的坏死。

脑血栓会引起单侧的手脚麻痹和语言障碍等，症状恶化时，甚至会陷入昏迷或昏睡的状态。脑栓塞则会突然出现半身不遂或意识丧失的情况。

短暂性脑缺血发作是脑梗塞的前兆

在颈动脉或主动脉中生成的小血栓，有时会流动到脑动脉中引发血管阻塞。此时，人体会发生暂时的手足麻痹、语言障碍、眩晕等症状。这被称为短暂性脑缺血发作，当血栓溶解，血流恢复后，就能痊愈。大多数在20分钟以内就能停止发作，最长24小时之内症状就会消失。但是作为脑梗塞的前兆，切不可对此放任不管。

如果出现以下症状，请一定到医院就诊：

· 突然出现一只眼睛视物不清。
· 单侧手足无力或者单侧麻痹。
· 在吃饭时，饭碗和筷子掉落。
· 想要说话，但却说不出话来。
· 无法理解对方讲话的内容。

改善浓稠血液的 5 种食物

纳豆 ∗ 溶解血栓

纳豆是日本的传统食品，有点类似于中国的豆豉。由于它强大的保健功能，现在逐渐被世界各国人民所接受。

纳豆所特有的纳豆激酶，是大豆加工成纳豆时所产生的成分，因能防止血栓生成而广为人知。

除了能够预防因血栓阻塞血管引起的心肌梗塞和脑梗塞等症，纳豆激酶对于因眼部血管闭塞引起的视网膜动、静脉闭塞症也有效。

纳豆中还含有能减少坏胆固醇的卵磷脂、促进血液中多余胆固醇排泄的植物纤维和有降血压功效的大豆蛋白、亚油酸、皂角，以及维生素K、维生素E、维生素 B_6 和钙、

浓稠的血液形成后的不良后果

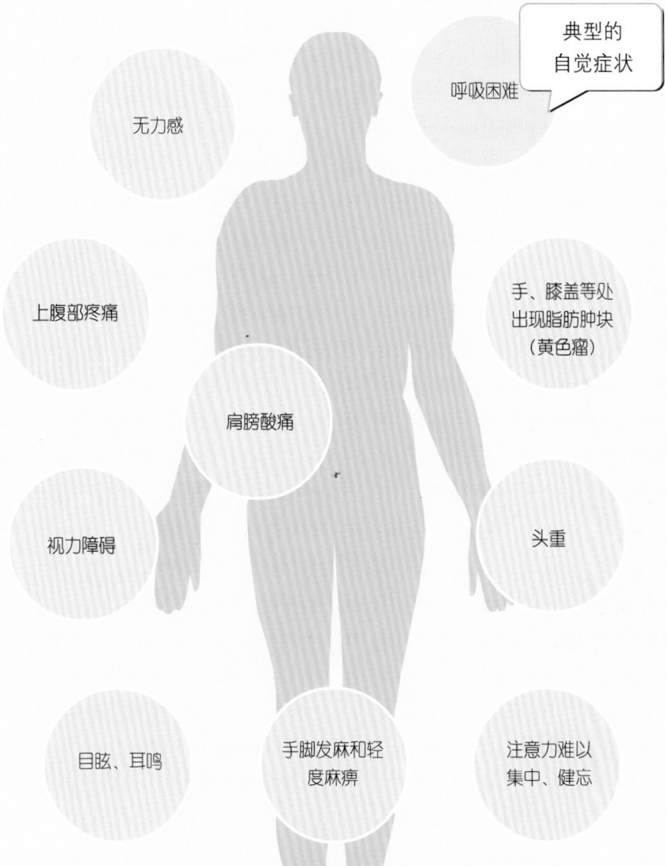

无力感

呼吸困难

典型的
自觉症状

上腹部疼痛

手、膝盖等处
出现脂肪肿块
（黄色瘤）

肩膀酸痛

视力障碍

头重

目眩、耳鸣

手脚发麻和轻
度麻痹

注意力难以
集中、健忘

※ 即使血液变成浓稠状态，一般也不会有自觉症状。因此，当有这些自觉症状时，可能已经发展成动脉硬化及其并发症了。

血液浓稠度增大的情况

· 胆固醇和甘油三酯多的人，血液易浓稠。

· 总胆固醇值在220毫克／分升以上，LDL胆固醇值高于70～139毫克／分升的人，血液浓稠度会增加；而HDL胆固醇值低于40毫克／分升，血液浓稠度也会增加。

· 甘油三酯值高于50～149毫克／分升，肥胖度（BMI指数）高于22的人，血液易变浓稠。

· 高血压、糖尿病、高脂血症的人，或是肥胖、压力较大的人，运动不足的人，吸烟者，摄入酒精和砂糖过多的人，动脉硬化的进程都会加速，易产生浓稠的血液。

钾、镁等成分。以上多种成分都有使血液恢复正常的功效。

晚上食用预防早上的血栓发作

纳豆激酶能直接作用于血栓的纤维蛋白,将其分解,从而预防血栓形成。这一作用与溶解血栓的常用药尿激酶相似,作用能持续8小时。为了在血液最浓稠、血栓发作危险最大的早上起作用,请在晚餐时食用纳豆。

鲭鱼 ∗ 防止血液凝固

鱼的脂肪中含有的是多价不饱和脂肪酸,在人体内无法合成,所以只能通过食品摄取。鲭鱼脂肪中含量丰富的EPA(二十碳五烯酸)和DHA(二十二碳六烯酸)在一般的食品中几乎无法摄取得到,是珍贵的有效成分。

EPA和DHA能够防止血液凝固、溶解血栓,还能减少血液中的坏胆固醇,同时增加好胆固醇。

富含EPA和DHA的鱼类

鲭鱼
金枪鱼
鳗鱼
秋刀鱼
鲥鱼
真鲷
鲱鱼

生吃或者蒸煮鲭鱼

鲭鱼脂肪中含有丰富的EPA和DHA。烧烤的时候会损失掉一些,造成有效成分的减少。想要更有效地摄取,最佳的食用方法是生吃或者蒸煮,同时饮用鱼汤,因为脂肪成分会溶解在汤汁中。

大蒜 ∗ 预防血栓

大蒜除了大家所知的独特的气味以及消除疲劳的作用之外,其实还有很多的功能。提供这些功效的是大蒜中的有效成分蒜素。蒜素是在切或者压碎大蒜时产生的物质,会发出刺激性气味。

大蒜油的制作方法

①把大蒜切碎。
②准备好空瓶,放入切好的大蒜,加入橄榄油。

可以在炒菜、炒面时使用,对于想摄取少量大蒜的人是很方便的。而橄榄油含有丰富的不饱和脂肪酸,能够减少坏胆固醇,增加好胆固醇。

蒜素的功效之一是扩张末梢血管。末梢血管扩张后,血液就能顺畅地流动。其结果是,全身的血液循环得到改善,新陈代谢也旺盛起来。蒜素还有抑制血小板聚集、防止血液凝固和预防血栓的功效,甚至能够溶解血栓。

蒜素有提高自然治愈力的作用，能够修复血管壁的创伤。此外，它还能使血液中的脂肪燃烧，减少坏胆固醇，增加好胆固醇；提高胰腺的功能，促进胰岛素的分泌，从而降低血糖。

通过这些作用，蒜素能够使血液保持良好的状态。

与维生素E、维生素B₁一起食用

大蒜和含有维生素E和维生素B₁的食品一起食用，能强化有效成分。

同时摄取蒜素和维生素E，能更有效地减少坏胆固醇。而同时摄取蒜素和维生素B₁，二者在体内能变成叫做蒜硫胺的物质。促进新陈代谢的维生素B₁无法在体内贮存，所以容易缺乏。但是变成蒜硫胺之后则可以贮存，因此能够有效地促进新陈代谢。

生蒜的刺激性较大

大蒜要经常食用才有效果。一天合适的量是1～3瓣，因为其刺激性很强，如果一次吃得过多，会令胃肠功能失调，引起胃痛或腹泻。

生蒜的作用比起熟蒜来更强，副作用也会更大，吃多了会对身体产生不良影响。比如，大蒜有很强的抗菌作用，甚至能抵制痢疾杆菌和伤寒杆菌，但是如果每天都食用大量的生蒜，会杀死体内必需的正常菌群。而且大蒜有溶血作用，吃多了有时会导致贫血。生蒜对胃肠也有强烈刺激。所以，如果想经常食用的话，还是做熟后再吃比较好。

银杏叶精 ＊ 改善动脉硬化，抑止血栓

银杏叶因其对心脏和肺的效用，很早就作为中药而被使用。此后，德国、法国等的医药品制造厂开发出促进血液循环的有效药——银杏叶精，将它推广到了世界各地。现在，银杏叶精常常作为保健品出售。

银杏叶精中含有的主要有效成

分是多达 40 种的类黄酮配糖体和萜内脂等。这些成分能促进毛细血管的血流，保持血液循环的顺畅。

类黄酮配糖体作为红酒中所含的多酚的一种而广为人知。该成分有抗氧化作用，能防止坏胆固醇的氧化，预防动脉硬化。

萜内脂包括银杏苦内酯和白果内酯等物质。银杏苦内酯有阻止血小板活化因子附着于血管壁上的作用，因此，能防止血小板增加、血液变浓稠，预防血栓形成。

此外，银杏叶精对恢复记忆力也很有效。

购买时注意检查成分含量

市场上的银杏叶精由于制作工艺和原料的品质不同，组成成分也有差别。选购时请检查它的必要成分表是否符合国际通行的质量标准，也就是：类黄酮配糖体含量应大于 24%，萜内脂含量应大于 6%。

水 * 就寝前、起床时喝水预防血液变浓稠

我们的身体在睡觉时也会因呼吸和流汗而散失水分，因此，给身体及时补充充足的水分是很必要的。可是和白天不同，人在睡眠时是无法补充水分的，所以起床后身体很容易出现缺水状态。

血液因缺乏水分而变得浓稠、容易凝固，这是动脉硬化和血栓形成的原因之一。因此，早晨到中午，是脑梗塞和心肌梗塞的多发期，这段时间也叫做"魔鬼时间"。

因此，建议就寝前和起床后及时饮水。就寝前充分补充水分，能缓解睡眠时水分不足的状况，预防血液变稠。而早上起床后喝水，能补充睡眠时失去的水分，使血液顺畅流动。

补充水分能降低血液的浓稠度

尿的颜色变深要及时补充水分

半夜起床去厕所时，如果尿的颜色变深，这是水分不足的表现，此时，血液也会变得浓稠。请在床边准备好水，以便在夜晚也能补充水分。

人在热天和运动后，以及入浴前后，也要积极补充水分。在口渴之前就喝水是保持血液良好状态的关键。

另外，不要每天都以果汁类和运动保健饮料替代白水来补水。因为摄入过多的糖分，会使血糖水平上升并导致肥胖。

简单易行的其他疗法

温水浴 ＊ 38℃～40℃ 的温水能防止血液凝固

在42℃以上的热水中入浴，会令体内的水分蒸发，不仅造成体内水分缺乏，还会令血液中的血小板易在动脉壁上附着、凝固。也就是说，血液容易变得浓稠，形成血栓。而同时如果血压也上升，危险性就更大。由于这些原因，用热水洗澡时很容易发生心肌梗塞和脑梗塞。

然而，38℃～40℃的温水浴起到的却是完全相反的作用。它不仅可以溶解血栓，还能调节副交感神经，令全身放松、心率减缓、血压降低，使血液循环顺畅，从而令血液和血管都保持良好的状态。

但是要注意，入浴时间不可太长，最适合的是在温水中浸浴10分钟左右。

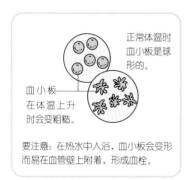

要注意：在热水中入浴，血小板会变形而易在血管壁上附着，形成血栓。

正常体温时血小板是球形的。

血小板在体温上升时会变粗糙。

不要泡到心脏以上

水压会给心脏增加额外的负担，在泡澡时一定不要泡到心脏以上。如果浴缸很深，可以减少水量，或在里面放置椅子，坐在椅子上泡澡。总之，只要稍花工夫，就能有效减轻心脏的负担。高血压的患者，尤其要特别注意。

欧式的浴缸水压较低，对心脏造成的负担较小。浸浴的时候泡到胸口以下就可以了。

戒烟 ＊ 延缓血管的老化

香烟中的有害物质尼古丁不仅会使坏胆固醇增加并使之氧化，还有收缩血管等危害。这使得血管容易被阻塞，易形成血栓。也就是说，尼古丁会使血液变浓稠，加速血管老化，推进动脉硬化的发展。

而且，和非吸烟者相比较，吸烟者有更高的癌症发病率。这一点早已被医学界证实。

还有，不要忘记被动吸烟的危害。在吸烟者的附近，非吸烟者会吸入有害度很高的二手烟，这对儿童的身体健康影响尤其大。

由此可见,不论是为了自己还是家人的健康,戒烟都是刻不容缓的。

多种方法可以克服戒断症状

许多人都有过多次戒烟的经历,屡屡不成功的原因便是尼古丁引起的戒断症状——烦躁不安、头昏头痛、咳嗽多汗、肌肉刺痛等,总之,一戒烟就觉得浑身不对劲。因此,克服这些症状是戒烟的关键。

现在有些医院开设了戒烟门诊,可以前去咨询。为了自己的健康,还是应该努力去戒烟。

想吸烟的时候试试以下方法

喝水　　　　　淋浴

刷牙　　　　　腹式呼吸

运动　　　　　去禁烟场所

降低高血糖，预防糖尿病

放任高血糖的发展会引发糖尿病

我们的身体需要通过食物获得大量的营养物，糖分也是必不可少的营养物之一。

糖分是通过谷类、砂糖、水果、薯类等食品摄入体内的，然后形成糖原，储存在肝脏和肌肉中，或是转化为葡萄糖进入血液，运送到全身的细胞，作为肌肉运动的能量来源。

血液中葡萄糖的浓度常常被人们简称为"血糖"。正常情况下，血糖是经常变化的，特别是在饭后，血糖通常会上升。健康人在饭后血糖上升时，胰腺会分泌胰岛素，促进葡萄糖吸收，使其作为热量而消耗。因此，饭后一小时左右，血糖开始下降，饭后两小时基本就能恢复正常。

但是，如果摄入过多的糖分，无法消耗的葡萄糖就会留在血液中。过多的葡萄糖需要大量胰岛素促进吸收，长期下去胰腺会疲劳以至功能衰退，逐渐变得无法顺利地分泌胰岛素。于是血糖升高，在空腹或者吃饭两小时后仍然居高不下，形成高血糖状态，血液因而变

得黏稠，易于凝固。

血液是这样变得黏稠的

从食物中摄入过多的糖分。

无法消耗的葡萄糖留在血液中，
导致血糖上升。

为了使血糖下降，
胰腺分泌胰岛素。

血液中的葡萄糖太多，
胰腺因大量分泌胰岛素而疲劳。

胰腺功能衰退，
胰岛素的分泌减少，
血液中的葡萄糖越发增加，
血糖不断上升。

形成高血糖的黏稠血液。

高血糖能够损伤血液和血管

健康血液中的红细胞具有柔韧性，即使在很细的毛细血管里也能顺畅流动。然而，在高血糖状态下，红细胞却会失去柔韧性而变硬，多

个红细胞重叠黏在一起，在细小的血管处容易阻塞，成为血栓的诱因。

黏稠的高血糖血液，对血管也有伤害。血液中的糖分和血管的蛋白质相结合，会形成糖化蛋白，糖化蛋白是有害的蛋白质，它无法实现蛋白质的功能，不能够在体内正常代谢，并易使血管受伤，易引发动脉硬化。

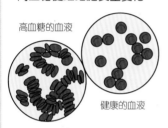

高血糖使红细胞发生变化

高血糖的血液

健康的血液

健康血液中的红细胞为球形且有柔韧性。而高血糖状态时，红细胞会重叠、变硬。

胰岛素的分泌有个体差异

胰腺分泌的胰岛素是一种激素，具有促使细胞吸收血液中葡萄糖的作用。

胰岛素的分泌量因人而异。也有遗传性的胰岛素分泌量少、功能弱的人，这种人容易出现高血糖和糖尿病。

放任高血糖发展会引发糖尿病

如果血糖无法下降，那么持续高血糖就会发展为糖尿病。糖尿病是因血液中多余的葡萄糖进入尿中，然后排出体外而得名的。血糖

正常时，血液中的葡萄糖会被肾脏的肾小管再吸收，不会出现在尿中。但是葡萄糖太多的时候，肾小管就无法完全再吸收，未被吸收的葡萄糖就进入尿中。

糖尿病分为Ⅰ型（胰岛素依赖型糖尿病）和Ⅱ型（胰岛素非依赖型糖尿病）两种。Ⅰ型是由于自身免疫机能发生异常，胰岛细胞被破坏，胰岛素几乎无法分泌而产生的。Ⅱ型是因生活习惯和易患糖尿病的体质造成胰岛功能的低下和不足而产生的。95%的糖尿病是Ⅱ型糖尿病，Ⅰ型糖尿病只占少数。

患糖尿病后，因葡萄糖过多而胰岛素不足，身体细胞无法吸收葡萄糖，就无法确保所需的能量。因此，细胞开始利用脂肪和蛋白质代替葡萄糖作为能量来源。

其结果是，皮下脂肪和肌肉减少，身体变得清瘦，当出现这样的状态时，糖尿病已经发展到相当严重的地步了。

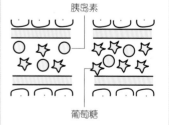

当胰岛素的分泌减少时

正常　　　　　胰岛素不足

胰岛素

葡萄糖

细胞是通过胰岛素的作用吸收葡萄糖的，所以当胰岛素不足时，多余的葡萄糖无法被吸收，使得未被消耗的葡萄糖不断增加。

糖尿病的并发症会波及全身

在高血糖状态下，葡萄糖会和蛋白质结合生成糖化蛋白。糖化蛋白会产生自由基，引发连锁氧化，损伤肌体。

高血糖状态达到一定程度时，就进入糖尿病的初期阶段，这时一般不会出现自觉症状。当发觉时，损伤已经扩展到全身，大多最终出现如右图所示的并发症。这些并发症中，发病率最高的糖尿病性神经病变、糖尿病性视网膜病变和糖尿病性肾病，被称为糖尿病的三大并发症。

糖尿病性神经病变是由高血糖造成的神经纤维传递能力低下所引起的。末梢神经、植物神经等发生障碍，表现出种种症状。

糖尿病性视网膜病变是眼睛的毛细血管因受到高血糖的损伤而引起的，会导致视力下降甚至失明。

糖尿病性肾病是肾脏的毛细血管受损伤引起的。肾脏处理废物的能力下降，有害物质会在血液中积存，对全身造成各种不良影响，甚至引发尿毒症导致死亡。

这些并发症有经过很长时间而逐渐出现的，也有突然发病的。多种并发症同时出现的情况也很常见，演变成重症时，甚至会危及生命。

因此，如果体检发现血糖偏高，即使没有自觉症状，也应马上接受治疗。

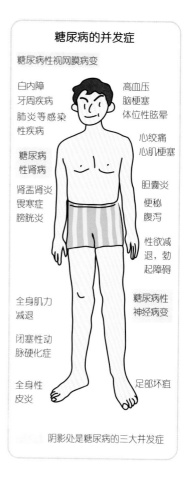

糖尿病的并发症

糖尿病性视网膜病变

白内障
牙周疾病
肺炎等感染性疾病
糖尿病性肾病
肾盂肾炎
畏寒症
膀胱炎

高血压
脑梗塞
体位性眩晕
心绞痛
心肌梗塞
胆囊炎
便秘
腹泻
性欲减退，勃起障碍
糖尿病性神经病变

全身肌力减退
闭塞性动脉硬化症
全身性皮炎

足部坏疽

阴影处是糖尿病的三大并发症

应尽早开始治疗

黏稠血液的可怕之处在于，等到出现自觉症状时，糖尿病和动脉硬化已经发展到了相当严重的程度。饮食过量和运动不足的人，为了避免高血糖的发生，请定期接受检查。

另外，易患糖尿病的体质是遗传性的。也就是说有些人体内抑制氧化的能力天生比其他人要弱一些，建议定期检查。

检查中要进行问诊、血液检查、尿检、心电图、X射线检查、眼底检查、下肢的血压测定等项目。通过比较下肢和上肢的血压比率，可以判别是否有闭塞性动脉硬化症。血液检查除了测定空腹血糖之外，还要进行口服葡萄糖耐量试验。口服75克葡萄糖后，分别测30分钟后、1小时后和2小时后的血糖。

因为血糖经常变动，很容易受身体状态的影响，因此，有时需要进行重复检查。

检查的结果如果不是高血糖，但离高血糖标准很近时，为了防止进一步发展，应改善生活习惯并定期体检。

如果已经出现高血糖，即使没有自觉症状也应立即接受治疗。治疗以饮食疗法为中心，避免饮食过量，减少脂质和糖分的摄入。特别要注意，不要摄入过多含有大量果糖的水果。为了提高饮食疗法的效果，还应配合运动疗法。根据症状发展的情况，有时还须进行药物治疗。

其他疾病也会引起高血糖

糖尿病以外的疾病也会引起血糖升高。胰腺癌和胰腺炎等胰腺疾病，使胰腺的功能减退，胰岛素的分泌减少，从而使血糖值升高。

肝炎和肝硬化等肝病、甲状腺机能亢进症、库兴氏综合症等激素分泌异常的疾病，也会引起血糖升高。

对于这些情况，则要根据其病因进行相应治疗。

其他的疾病也会引起高血糖

肝脏　激素　胰腺

降低高血糖的5种食物

洋葱 * 催泪性物质促使血液顺畅流动

洋葱属于葱类蔬菜，这类蔬菜还有葱、韭菜和大蒜等。因为与大蒜同类，所以洋葱也有和大蒜功能相似的地方。此外，它还有其特有的有效成分。

没有切过的洋葱中含有一种叫做异蒜氨酸的物质。在切洋葱时异

高血糖形成后的不良后果

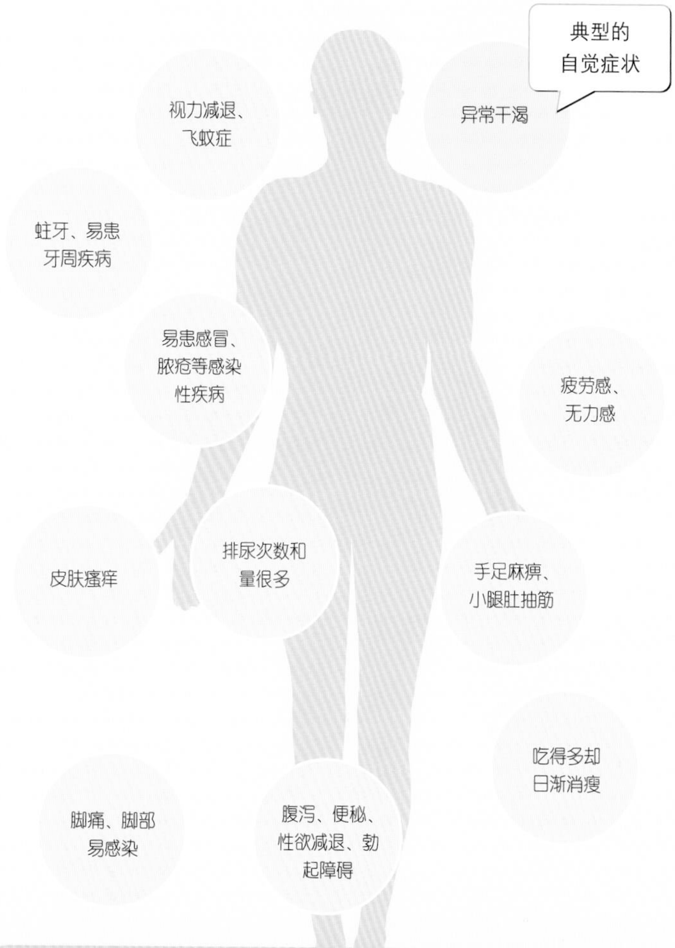

典型的自觉症状

视力减退、飞蚊症

异常干渴

蛀牙、易患牙周疾病

易患感冒、脓疮等感染性疾病

疲劳感、无力感

皮肤瘙痒

排尿次数和量很多

手足麻痹、小腿肚抽筋

吃得多却日渐消瘦

脚痛、脚部易感染

腹泻、便秘、性欲减退、勃起障碍

怎样判断高血糖

·异常干渴，这是由于体内的水分和多余的糖分一起成为尿排出体外，使得体内处于水分缺乏的状态。健康的人一日的饮水量约1升，而糖尿病患者却会喝2～5升。

·放任黏稠的血液不管，会因血液循环不良而易被细菌和病毒感染，易发蛀牙和脓疮。

·空腹血糖会上升。正常值是小于110毫克／分升。

·葡萄糖耐量试验的2小时后，血糖上升。正常值是小于140毫克／分升。

蒜氨酸会和一种叫做蒜酶的酶发生反应，变成催泪性的物质。切洋葱时，眼睛刺痛流泪就是这个原因。催泪性的物质还会发生反应，生成多种含硫化合物。这些物质能防止血液中的血小板凝固，使血液顺畅流动，并且还有消除自由基的功效。此外，洋葱中还有一种叫做环蒜氨酸的物质，具有溶解血栓的作用。

洋葱拥有的多种功效中，最突出的是抑制血糖上升的作用。虽然血糖可以通过化学制剂来抑制，但是有时候化学制剂的作用过强，反而会导致低血糖。洋葱没有化学制剂那么立竿见影的效果，但它使血糖降到正常之后就不会再下降了。

另外，洋葱特有的黄色色素成分——槲皮酮现在也很受关注。槲皮酮是多酚的一种，有很强的抗氧化能力，能有效地抑制因血液黏稠造成的氧化，防止高血压和动脉硬化的发展。

让血液恢复正常！

每天吃 1/4 个洋葱就能发挥疗效

每日摄取 50 克洋葱，就能发挥其效能。50 克约相当于 1/4 个洋葱。

辣味重的洋葱含有较多的有效成分，所以效果也更好。而新鲜的洋葱辣味比较强，所以请尽早食用。

切新鲜洋葱的时候，眼睛会刺痛。

炒洋葱前应该先放置 15 分钟

洋葱中对人体有益的含硫化合物在刚切好时不会立即产生，需要放置15分钟以上。所以切好洋葱15分钟以后再加热烹调，更能发挥其效用。

含黏滑物质的蔬菜 *
抑制餐后血糖的上升

秋葵能够抑制糖的吸收

切秋葵的时候，会出现一些黏液，这些黏液中含有水溶性果胶和黏蛋白等食物纤维成分。

水溶性果胶能促进肠的蠕动，抑制肠内胆固醇的吸收，防止胆固醇生成过多；而黏蛋白有抑制糖吸收的作用。

除此之外，秋葵还含有钾、β-胡萝卜素等多种有益于人体的成分。钾能够促进钠的排泄，从而稳定血压。而β-胡萝卜素能防止脂质被氧化。

长果黄麻能降低血糖和血压

长果黄麻中含有的黏蛋白、胡萝卜素、镁、锌、维生素 B_1、维生素 B_2 等成分能使血液顺畅。

黏滑物质中的黏蛋白能抑制糖的吸收，促进其排泄，还能促进蛋白质的分解。加热后会使其失去效力，所以最好生吃。如果要加热，用热水迅速焯一下就好。为了不使水溶性的维生素溶解损失，焯的时候也不要放太多的水。

长果黄麻的胡萝卜素含量十分丰富，因而能防止胆固醇和甘油三酯等脂质被氧化后附着在动脉壁上。另外，维生素 B_1、维生素 B_2 能有效地将糖分和脂质变成能量，使血液中不再残留多余的糖分和脂质。

锌是合成胰岛素的材料，镁能促进胰岛素的功能，这些成分都有助于保持血糖的正常。

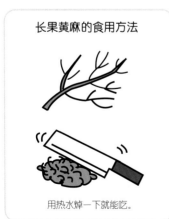

长果黄麻的食用方法

用热水焯一下就能吃。

山药能有效改善高血糖

山药中的黏滑成分也是由黏蛋白形成的。黏蛋白能包裹肠内的其他食物，使糖分被缓慢地吸收。这一作用能抑制饭后血糖急剧上升，同时可以避免胰岛素分泌过剩，使血糖得到良好调控。

山药还含有胰岛素分泌必不可少的镁和锌等有效成分，以及维生素维生素 B_1、维生素 B_2。这些成分促进了血液中葡萄糖的代谢。此外，山药还含有淀粉酶，这是消化糖类的酶，可使血液中不再积存糖分。

黏滑成分越多的山药，其药效成分也越多。

山药的食用方法

生吃山药更有助于摄取黏滑成分。可以切成细丝或者弄成山药泥吃。

芋头最适合需要限制热量的人

芋头中含有黏蛋白、镁、锌、维生素 B_1 等有效成分，它还含有半乳聚糖，能有效降低血压和胆固醇。

人们多是将芋头煮熟后再食用，这样虽然容易损伤黏蛋白，但是其他的有效成分都能充分摄取。

除此之外，很重要的一点是，山药的热量较低。因糖尿病、高脂血症、肥胖等疾病而必须限制饮食的时候，芋头是最为适合的食品。100克芋头中，热量仅为58千卡。

茶类 ＊ **避免血糖上升**

番石榴茶可防止血糖上升

番石榴茶是将热带地区的水果番石榴的叶干燥后，用热水浸泡而成的。

茶中含有番石榴多酚，这一物质能抑制分解糖的酶活化，缓解糖的吸收，使得只有必要的少量的葡萄糖被缓慢吸收。通过这一作用，可以避免人体吸收过多的糖分，从而抑制了血糖的上升，同时也防止了胰岛素的过度分泌。

桑叶茶降血糖，预防糖尿病

桑叶在很早以前就被用做治疗糖尿病的中药，但是人们并不清楚它的有效成分是什么。

最近，有研究发现，桑叶中特有的1-脱氧野尻酶素（1-DNJ）成分能抑制将多糖分解成葡萄糖的α-糖甘酶，从而抑制血糖的上升。

桑叶除了能保护胰腺，促进胰岛素的正常分泌，还能改善高血压，减少胆固醇和甘油三酯。所以，桑叶可以有效预防糖尿病。

煮好的桑叶茶，在饭前饮用效果比较好。

另外，桑叶茶在饭前饮用能抑制饭后血糖升高，在饭后饮用则没有这种功效。

匙羹藤茶抑制肠道吸收糖

匙羹藤茶的原料是原产于印度的藤本马铃薯科植物匙羹藤。古代印度的传统医学典籍《阿尤尔威达》中记载，匙羹藤在2500年前就已成为治疗糖尿病的民间药。

茶中的匙羹藤酸进入肠内后，会和分解糖的酶相结合，抑制糖在肠内的分解，从而抑制了血糖的上升，胰岛素的分泌自然也就减少了，胰腺的负担就会减轻。此外，匙羹藤茶还能减少热量摄入，对于防止肥胖也很有效。

匙羹藤茶不会使血糖过度下降，可以放心饮用。而且为了更好地抑制血糖的上升，尽量在饭前饮用。不过，匙羹藤酸会麻痹舌头上感觉甜味的味蕾，再吃甜的东西时，舌头感觉不到甜味，所以，吃饭放砂糖等甜东西的时候，注意不要放多了。

糖

匙羹藤酸

进入肠内的匙羹藤酸与酶相结合，能抑制糖的分解。

巴拿巴茶能够降低血糖

巴拿巴茶是由分布于东南亚等热带地区的常绿树的树叶干燥制成的。在菲律宾，很早就作为治疗糖尿病的药茶来饮用。

巴拿巴茶具有降低血糖的功效，这是其所含的熊果酸作用的结果。血液中的葡萄糖在胰岛素的作用下被消耗掉，而熊果酸有着和胰岛素相同的功效，所以饮用后血糖会下降，黏稠的血液也会得到改善。另外，它含有的锌和镁等有效成分，也能起到改善糖尿病的作用。

富含铬的食物 ＊ 增强胰岛素的作用，预防血糖上升

铬是通过多种食品被摄入体内的矿物质之一。体内吸收的是三价铬，它能促进脂质和糖的代谢。因此，如果体内缺乏铬，就容易引起糖尿病和高脂血症。

铬通过肠内细菌的作用，可以合成一种叫做GET的铬化合物。这一化合物能有助于胰腺分泌胰岛素，帮助细胞吸收血液中的葡萄糖，使血液中的葡萄糖减少，保持血糖正常。

糖尿病患者容易缺乏

体内铬缺乏，会使胰岛素的功能降低。血液中糖分过剩，血糖上升，易患动脉硬化和高脂血症、糖尿病、肥胖等。

一旦患上糖尿病，铬便易从尿中排泄出去，这样就更容易缺乏了。此外，妊娠、哺乳、外伤、运动过度等原因也会造成铬缺乏。为了防止体内铬的不足，请花些心思以保证充分摄取。充分摄取铬的同时配以适当的运动，效果会更好。

富含铬的食品

虾　　　　　松花蛋

鱼　　　　　动物肝脏

蛤蜊　　　　糙米

铬在海藻类、鱼虾、糙米等食品中含量丰富。从啤酒酵母中也可以摄取铬。另外，还可以通过啤酒酵母制成的含铬营养补充剂来专门补充。

富含 γ-亚麻酸的食物 ＊ 使血糖和血压稳定

γ-亚麻酸是由从食品中摄取的亚油酸在体内转化而来的。它可以进一步转化为调整身体状态的前列腺素，从而稳定血液中的甘油三酯、胆固醇、血糖、血压等。

另外，γ-亚麻酸还有扩张血管的作用，能预防血栓的生成。为了促使体内合成更多的γ-亚麻酸，应摄取富含亚油酸的植物油（月见草油、红花油等）和蓝莓。要注意油的用量不要太多。此外，也可通过富含亚油酸的琉璃苣来进行特别补充。

减少糖和酒精的摄入量

γ-亚麻酸是由摄入的亚油酸在体内合成的，而摄入过多的砂糖等糖分会阻碍其合成。

饮用过多酒精类，或者镁、锌、维生素A和维生素B_6等物质不足时，γ-亚麻酸的合成也无法顺利进行。一旦患上糖尿病后就更难生成。

因此，请注意不要摄入过多的糖分。另外，为了防止上述营养物质的不足，要注意采取均衡的饮食，这样，γ-亚麻酸就能顺利合成。

γ-亚麻酸的功效

降低血糖　　预防糖尿病

调整血压　　低胆固醇、甘油三酯

防止血栓　防止肥胖　防止动脉硬化

减少自由基,降低身体老化速度

自由基是人体疾病和衰老的直接制造者

我们通过呼吸吸入氧气,氧化摄入的食物,以获得能量。这个时候,氧气的一部分(约有2%)就发生变化,生成了自由基。因此,自由基也被叫做活性氧。

我们体内每天都在生成自由基,当体内受到细菌或异物入侵时,免疫系统会发挥作用,使白细胞攻击入侵者,此时白细胞会释放自由基,氧化入侵者。也就是说,自由基有保卫身体不受细菌等伤害的正面作用。而且,自由基通常由体内酶的作用而被无害化,所以即使生成自由基也不会马上对身体产生坏的影响。

但是,一旦自由基大量产生,超过酶所能处理的程度,身体就会发生氧化,如同铁生锈一样。随着氧化程度的逐渐加剧,健康就会亮起红灯,出现癌症、动脉硬化、糖尿病、白内障等多种疾病。因此,自由基是人体疾病和衰老的直接参与者和制造者,是个十分危险的家伙。

自由基分为四种,分别是:超氧阴离子自由基、过氧化氢、单线

每天都在产生自由基

自由基

通过呼吸进入人体内的氧气,约有2%都变成了自由基。也就是说,只要活着,自由基就在不断生成。

态氧和羟自由基。它们的氧化能力依次增强,超氧阴离子自由基最弱,而羟自由基最强。这四种自由基之间会因得失电子而发生相互间的转化。比如,超氧阴离子自由基会因失去电子而变成过氧化氢。

自由基引起身体氧化的原理

自由基引起身体氧化的过程,类似铁生锈的化学反应。

任何物质都是由电子和分子组成的。氧气的电子都两两配对。而自由基的不同之处在于:很多情况

下，它都缺少一个电子，处于不稳定的状态。不稳定的自由基会从周围的物质中夺取电子配对，这种行为就是自由基的氧化作用。

被夺走电子的物质，因为失去本来的功能而变成被氧化的状态。于是，为了补足失去的电子，它又会去抢夺其他物质的电子。就这样，争夺电子的连锁反应逐渐扩散到各处，细胞一个一个被氧化，从而失去了其正常功能。

氧化产生的过程

大部分自由基都是不稳定的分子。

为了变得稳定，就从其他稳定的分子上夺取电子，这种夺取电子的行为就叫做氧化。

被夺走电子的分子也成为了不稳定的分子，于是也同样要从其他稳定的分子上夺取电子。

自由基使细胞受损，易诱发癌症

科学家研究发现：受到自由基攻击的细胞膜无法完全实现膜的功能，因此致癌物质就会穿过膜进入细胞内，从而引发癌症。

不仅如此，氧化作用的连锁反应甚至会影响到细胞核，引起遗传物质（DNA）的损伤。此时，体内种种代谢活动以及与遗传物质有关的信息将被破坏，造成混乱。于是，在代谢中起重要作用的蛋白质将无法合成，导致细胞代谢异常，甚至变成癌细胞并不断增殖。有研究更进一步指出，在氧化作用下，本来无害的成分也可能变成致癌物质。

像这样，自由基造成DNA的损伤，使细胞变异，从而增加了癌症的危险性。

自由基是动脉硬化的开端

动脉血管的内壁受伤或者有附着物会造成血管变窄、硬化，失去弹性，因使血液无法顺畅地流动而产生淤积，这就是动脉硬化。动脉硬化发生后，血液不能顺利到达心脏，甚至会引发威胁生命的脑血栓和心肌梗塞。

而自由基就是动脉硬化的开端。如果人们从食物中摄取的脂质过多，无法在体内消耗完的多余脂质就会留存在血液中。自由基俘获了这些多余的脂质，氧化使之变质为LDL过氧化脂质。LDL过氧化脂质侵入血管内皮细胞后会被巨噬细胞所吞噬，当巨噬细胞死亡后，黏稠的LDL过氧化脂质就会流出来附着于血管壁，凝固之后使血管变窄、变硬。

　　胰腺分泌的胰岛素能调节血液中的葡萄糖，使之浓度不至于太高。

　　胰岛素是由胰腺中的胰岛β细胞生成的。这种细胞没有什么抗氧化能力，容易被自由基所捕获。随着β细胞被氧化，胰岛素的分泌也会减少。这样，血液中的葡萄糖就会增加，从而使发生糖尿病的危险大大增加。

过多的自由基会让血管、眼睛、皮肤等部位的细胞氧化"生锈"。

自由基是雀斑和白内障的罪魁祸首

　　皮肤受紫外线照射后也会生成自由基。为了防止细胞被氧化，皮肤中的络氨酸会代替细胞而被氧化，氧化后生成的物质就是黑色素。黑色素随着皮肤细胞的新陈代谢而逐渐被排出，但是如果过多的话就会成为雀斑残留在皮肤上。

　　此外，被紫外线过多照射的皮肤，容易老化，皱纹也会更明显。这是因为，皮肤真皮层中的胶原蛋白和弹性蛋白被自由基氧化了。由于这两种成分的变化而无法保持皮肤的张力和弹性，皮肤就会老化而出现皱纹。

　　眼睛也会因为接触紫外线而产生自由基。自由基将眼球中的不饱和脂肪酸氧化成为过氧化脂质，附着在晶状体和视网膜上，并使它们变成白色、浑浊的状态，造成视物模糊，这就是白内障。

日常生活中，自由基无处不在

　　人体需要吸收氧气才能生存，所以无法避免自由基的生成。但在日常生活中，有很多因素增加了自由基的产生，也就加速了身体老化生锈的过程。所以，为了保护肌体的细胞，防止重大疾病，应该注意那些成为自由基发生源的因素。

促使自由基生成的因素

吸烟	紫外线	剧烈运动
焦虑	摄入过多酒精和脂肪	肥胖
大气污染	残留农药的食品	电磁波和X射线

·吸烟

　　香烟的烟雾中含有一氧化碳、致癌的焦油和尼古丁等有害物质。将这些有害物质吸入肺部后，身体的免疫机能会发挥作用产生大量的自由基以击退异物。在这个过程中，自由基会伤害到肺部细胞，从而诱发癌症。科学家研究发现，吸一支烟会在体内产生100万亿个自由基分子。不仅如此，香烟的有害物质还会被周围的人吸入肺中，因此，被动吸烟也会引起同样的反应。而且，即使香烟熄掉一段时间之后，空气中仍然会飘浮着这些有害物质。

• 紫外线

紫外线是肉眼所看不见的，但却具有侵入皮下细胞的强劲穿透力。射到地面的紫外线UVA和UVB，可以穿透皮肤的角质层，造成自由基增加。特别是UVB会引起晒伤，引发白内障、皮肤癌等。UVC是最有害的紫外线，现在它还不能照射到地面，但是，一旦大气中的臭氧层被进一步破坏，不难想象，UVC也会照射到地面，而且UVB的含量也会增加，那样必将带来癌症的高发病率。

男性也有必要采取防紫外线措施

从防止白内障和皮肤癌的角度来说，男性也有防紫外线的必要。在户外工作或者进行高尔夫、钓鱼等户外休闲活动时，一定不要忘记采取防紫外线措施。

·用有防紫外线效果的伞和太阳镜、宽帽檐的帽子来保护眼睛和皮肤。

·用黑色的伞比白色的更好。白色的伞在反射光线的同时还会吸收紫外线。

·要勤抹防晒霜。需要注意的是，一般防晒霜的有效时间只有两小时。

·5月份的紫外线比8月份的更强。即使阴天，紫外线依然能够穿透云层。

• 剧烈运动

剧烈运动需要消耗大量的氧气，因而也会使自由基生成的量增加。为预防生活习惯病而进行的有氧运动，如果过于剧烈，甚至到了喘不过气的程度，也会促使自由基增加。

• 焦虑

焦虑一般由精神压力、疲劳、睡眠不足以及受伤等原因引起。焦虑情绪会刺激交感神经使血管收缩，造成血液流动不畅。当焦虑情绪消失时，血管恢复到原来的状态，血液流动也会变得顺畅。而此时，随着氧气运输量的增加，生成的自由基也增加了。

• 酗酒

酒精是在肝脏中分解的，在分解的过程中会产生自由基。如果是适量饮酒，肌体能够正常代谢掉这些自由基，因此不会有什么问题。但酗酒会促使自由基的大量生成。

• 其他因素

肥胖或者饮食过量，尤其是摄入过多易被自由基氧化的脂肪，也会促进自由基的产生。此外，工业排放的废气和汽车尾气所导致的大气污染、含有农药和杀虫剂的食品、X射线和电磁波等，都会增加体内自由基的生成。

如何避免周围有害的化学物质

前面已经介绍过体内产生过剩的自由基会导致各种各样的疾病。可是你知道吗，自由基的产生和我们周围的化学物质也有关系。

比如，自来水中所含有的三氯化甲烷、农药中的 DDT、除草剂中所含的百草枯、工业废弃物中的二恶英、作为食品添加剂的人工色素，以及染色剂、防腐剂、防霉剂等，数也数不清。

此外，化学药品，也就是医院中的处方药，X 射线检查时的放射线照射和电磁波等也会促使自由基的产生。更令人担心的是，二恶英等化学物质作为环境激素对人体的危害。

·环境激素对生殖系统有恶劣影响

分泌激素是我们肌体维持生命的机能之一。激素是内分泌系统分泌的物质，起着促进生长，调节自律神经，保证血压、血糖值正常的作用。

环境激素是指和人类自身的激素作用相类似的化学物质，又被称为"搅乱内分泌物质"。

这些环境激素通过某种途径被身体所吸收，会阻碍体内正常激素的工作。

恐怕我们都听说过，在雄性鱼的精巢里发现了卵、雌性的疣螺中却发现了阴茎等生殖异常现象的新闻吧，这

健康关照

都是环境激素惹的祸。

而像男性精子减少,女子初潮年龄降低,乳腺癌、卵巢癌的发病,也都被认为与人类所受到的环境激素的影响有关。

关于环境激素还处在研究阶段,不明确的地方还很多,既然有这种怀疑,还是尽量避开更保险吧。特别是对处于成长过程中的孩子和育龄的男女来说,这都是很重要的问题。

当然,环境激素还会促使体内自由基的形成。

·如何避免有害化学物质

完全不接触这些化学物质是不可能的,但我们可以尽量远离它们。比如说,不要食用添加了化学物质的食品,不要乱服药,等等。

另外,不要忘了我们自身不应该让生活中产生有害化学物质。比如说,减少垃圾,选择有环保标志企业的商品。

通过呼吸摄入体内的氧气仅有2%会变成自由基,所以可能会有人认为我们对它过于紧张了,但是,为防止它的过剩而采取的种种措施绝对不会是毫无用处的。

下一页的表中列出了促进自由基生成的有害的化学物质,以及对付它的方法。建议你就从自己可以做到的点点滴滴开始做起吧。

保护自身免于化学物质之害的方法

存在于身边的有害物质	主要的有害化学物质	自己能进行的对策	
空气污染	氮氧化物（光化学烟尘）二恶英	· 不要接近车辆较多的地区 · 在发生光化学烟尘时不要外出 · 在室内安装空气净化器	积极摄入含有维生素C、维生素E的食物
自来水	三氯甲烷	· 设置净水器 · 水沸腾5分钟后再使用（放入活性炭再煮沸更有效）	
残留农药、杀虫剂、二恶英的蔬菜，或以此当成饲料的家畜肉 近海的鱼类、贝类	DDT、百草枯等二恶英	· 蔬菜要充分洗净 · 不要摄取过多的动物性脂肪 · 不要吃鱼的内脏 · 积极摄取食物纤维（从体内排出二恶英）	
塑胶容器	双酚（会因加热而溶出）邻苯二甲酸脂（氯化乙烯树脂）	· 放入塑胶容器（托盘）中的食物不用微波炉加热 · 塑胶容器中不要放入热的食物 · 使用陶器等容器（尤其是奶瓶）	
烟	煤焦油 亚硝基胺	· 不吸烟 · 不和吸烟的人同席	
建材、壁纸 粘合剂	苯酚类物质	· 要经常换气 · 安装空气净化器 · 尽可能使用天然素材 · 不要使用苯酚类的粘合剂	
电脑、移动电话、微波炉等家电	电磁波	· 除非必要，否则尽量少用 · 使用电脑时，要使用能阻断电磁波的防护商品 · 移动电话要安装能够阻绝电磁波的装置 · 使用微波炉时要离得远一些	
化学制剂（药品）		· 不要养成轻易服用药物的习惯 · 吃药时一定要一并摄取维生素C	
照X光	放射能	· 不要随便要求照X光 · 避免没有防护措施的X光照射	

年纪越大,自由基的危害越强

自由基对于侵入体内的细菌等具有攻击、防御作用,也就是说,自由基并非完全没有用处,只是它的攻击力太强,甚至会伤害到细胞。因而在人体内存在着相应的抗氧化的酶,以使自由基无害化。但是,当自由基的量增加或者年龄增长等原因使酶的作用变弱时,就会无法抑制自由基。人在40岁左右,抗氧化酶的作用就开始衰退。所以,生活中避免自由基的增加就变得更加重要。

此外,人体内还存在着其他使自由基无害化的抗氧化物质。在夜间睡眠时大量分泌的脑内激素——褪黑素,就是其中之一。但是褪黑素的量太少,对付自由基的力量还不足。体内的尿酸和胆红素也是抗氧化物质,但是这两种物质太多的话又会引起新的疾病。尿酸过多会引起高尿酸血症和痛风,而胆红素过多则会引起黄疸。

因此,有必要从食品中摄取抗氧化物质,以作补充。这些抗氧化物质可以传递电子给自由基,防止自由基从周围的细胞中夺取电子,从而能中断氧化的连锁反应。

与此相反,一些被氧化的食品对身体有害,特别是用油加工过的食品,放置越久氧化程度越高。平时需要注意少食用方便面、炸薯片、油炸点心、炸坚果类食物。如果食物已有奇怪的味道,就更不要吃了。

能抑制自由基危害的抗氧化物质

体内的物质
脑内激素中的褪黑素
防止氧化的酶:超氧化物歧化酶(SOD)、过氧化氢酶、谷胱甘肽过氧化物酶
尿酸(过多会引发痛风)
胆红素(过多会引发黄疸)

从体外摄取的物质
抗氧化食品

消除自由基的 7 种食物

蘑菇类 * 提高免疫力、防止氧化

蘑菇不仅好吃,还含有很多能够抑制癌症的多糖类。蘑菇中的多糖类统称为β-葡聚糖,它可以通过提高生物体的免疫力消除癌细胞,这一作用被称为活化免疫作用。具体地说,β-葡聚糖可以促使具有免疫作用的巨噬细胞、T细胞和NK细胞等活化,从而消除癌细胞和自由基,起到抗氧化、保护身体的作用。

此外,β-葡聚糖还有降低血糖、调整血压、抗病毒、抑制过敏等作用。

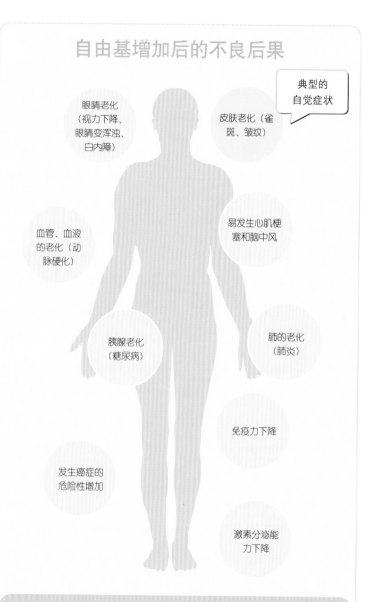

自由基增加后的不良后果

典型的自觉症状

眼睛老化（视力下降、眼睛变浑浊、白内障）

皮肤老化（雀斑、皱纹）

血管、血液的老化（动脉硬化）

易发生心肌梗塞和脑中风

胰腺老化（糖尿病）

肺的老化（肺炎）

免疫力下降

发生癌症的危险性增加

激素分泌能力下降

自由基增加的迹象

· 对抗自由基的力量随着年龄增加而衰退，所以年龄越大身体衰老越快。

· 出现比实际年龄早的老化现象，表明自由基比同龄人多。

· 让遗传物质受伤的原因中有 2/3 是食物和香烟。脂肪过多和有吸烟习惯的人，更易受到自由基的伤害。

测试你肌体的老化程度

检查一下你的肌体因为自由基的伤害而"生锈"的程度

1.很少吃黄绿色的蔬菜和水果。

2.有挑食的毛病。

3.喜欢吃油腻的菜。

4.口味重。味道淡了的话马上就加盐或酱油。

5.喝酒并且经常过量。

6.肥胖。

7.有慢性病且经常服用化学药品。

8.有吸烟的习惯,并且经常和吸烟者在一起。

9.每周运动不到一次,或者经常进行剧烈运动。

10.喜欢晒太阳,或者从事户外工作。

11.有慢性的睡眠不足。

12.感觉身体常常冰凉。

13.担心和烦恼的事很多。

14.不苟言笑。

15.居住或者工作在大气污染地区。

16.生活中几乎离不开手机、电脑等办公设备。

17.有肥胖、糖尿病、高血压、癌症等家族病史。

看看一共有多少个回答"是"的项目呢?

符合项目越多,说明身体被氧化的程度越严重。

随着身体被氧化,肌体的老化程度也随之升高。

结论

1~4个　　正处于易被氧化的状态,或者氧化程度较轻,目前的肌体年龄只比
　　　　　实际年龄稍高一点而已。如果积极地摄取抗氧化物质,努力防止肌
　　　　　体被氧化,就能够长寿。

5~7个　　身体老化的现象随处可见,肌体年龄有可能比实际年龄高4~5岁。如
　　　　　果改变生活习惯,努力减少自由基的产生,仍能够防止氧化的蔓延。

8个以上　如果放任不管,肌体已经满是老化的锈迹了。肌体年龄和实际年龄
　　　　　有6~10岁的差距,身体状态不佳。这种状态持续的话,不仅会进一
　　　　　步老化,而且还有发展成疾病的危险。所以,从现在起马上改变你
　　　　　的生活状态吧。

蘑菇的特有成分可以做抗癌药

具有提高免疫力作用的蘑菇类有香菇、扇形菌、彩绒革盖菌、茯苓、朴蕈、金针菇、姬松茸、丛生口蘑、松茸、舞耳、猪苓、猴头、灵芝、桑黄等。

从香菇中提取的香菇多糖、扇形菌中提取的多糖体裂褶菌素，以及从彩绒革盖菌的菌丝体中提取的酯酸间甲酚酯，都是医用的抗癌药。作为健康食品，市场上也有"香菇精"等多种产品出售。

低热量的蘑菇类中，食物纤维和维生素 B_1、维生素 B_2 的含量也很高。

蘑菇还能减少脂肪、消除肥胖

饮食过量要消耗更多的能量，同时也生成更多的自由基。另外，在体内积存的脂肪也是氧化作用的目标、肌体生锈的源头。饮食过量和肥胖都促使肌体易受自由基的损伤，必须杜绝，这样才能避免发展成重大的疾病。

木耳、刺芹菇、舞茸、干香菇及很多的蘑菇都有减少脂肪和消除肥胖的作用。

黄绿色蔬菜 * 胡萝卜素能够抗氧化

胡萝卜和韭菜等深色的蔬菜中有丰富的抗氧化物质。

韭菜中除了含有 β-胡萝卜素和维生素C之外，还含有含硫化合物。这是使韭菜散发气味的成分，具有使自由基无害化的作用。而胡萝卜则富含 β-胡萝卜素，100克胡萝卜中 β-胡萝卜素的含量约是西兰花的10倍，而且 α-胡萝卜素也很丰富。

红辣椒除了比青椒含有更多的维生素C和 β-胡萝卜素（β-胡萝卜素约是青椒的20倍），还含有维生素P。维生素P有促进维生素C吸收的功效，因此能加强抗氧化能力。辣椒中的辣味成分辣椒素也有抗氧化作用。

西兰花中除了含有 β-胡萝卜素，其维生素C的含量约是柠檬的1.5倍。同样，南瓜除了含有 β-胡萝卜素之外，维生素C的含量和西红柿相同。

由此可以看出，红、黄、绿等深色蔬菜因为含有多种抗氧化物质，防止肌体氧化的能力相当强。

黄绿色蔬菜

※黄绿色蔬菜是指每100克中含有600微克以上胡萝卜素的蔬菜。

胡萝卜素能够保持肌体年轻

各种蔬菜和水果中约有50种胡萝卜素,这些胡萝卜素除了作为植物色素成分之外,还有防止紫外线和自由基对植物的伤害、保护植物的作用。如果人类摄取胡萝卜素之后,它也可以在我们体内发挥同样的作用,保持细胞年轻。

胡萝卜素的一大特征是:它是脂溶性的抗氧化物质,因此对于防止不饱和脂肪酸的氧化十分有益,而不饱和脂肪酸是很容易被氧化的。

β-胡萝卜素与α-胡萝卜素除了有抗氧化作用之外,当体内的维生素A不足的时候,还能转化为维生素A,因此在防止皮肤的老化上很有帮助。

西红柿和西瓜中含有的番茄红素,则是胡萝卜素中抗氧化能力最强的,它作为抑制癌症的物质而受到广泛重视。所含的另一成分叶黄素还具有防止眼睛细胞氧化的作用,对眼睛很有益处。

胡萝卜素的主要种类及相关的食品

α-胡萝卜素 β-胡萝卜素	玉米黄质
胡萝卜、菠菜、花椰菜	木瓜
γ-胡萝卜素	隐黄质
西红柿、杏子等	玉米、柑橘、椪柑等
番茄红素	
西红柿、西瓜等	岩藻黄质
辣椒素	裙带菜、鹿尾菜
辣椒等	叶黄素
虾素	蛋黄、玉米、卷心菜、菠菜、菜花
虾、蟹、腌鲑鱼子、鱼子酱等	

摄取多种胡萝卜素效果更好

比起只摄取单一种类的胡萝卜素,摄取各种食品中含有的多种胡萝卜素的抗氧化效果更好。

经常食用黄绿色蔬菜能降低癌症的发病率。这也是因为人们能够以恰当比例摄取黄绿色蔬菜中多种多样的胡萝卜素,其效果可以说是多种胡萝卜素的作用的叠加。

因为胡萝卜素是脂溶性的,所以和油一起吃的话更易于吸收。如果想轻松获取多种胡萝卜素类,可以试试蔬菜汁或者额外的营养补充剂。

十字花科蔬菜 * 富含抗氧化物质

在美国,从30多年前就盛行研究关于十字花科蔬菜和癌症之间的关系。于是我们知道,十字花科蔬菜中含有的吲哚类(植物激素)具有对致癌物质的解毒功效,尤其对大肠癌和乳腺癌效果更好。摄取越多,效果越好。

十字花科的蔬菜(如下页图所示),其共同的成分除了吲哚类,还有叶绿素、胡萝卜素、异硫氰酸盐及葡萄糖酸盐等成分。这些成分也有抗癌的作用。

关于其构造,美国曾拿出专项奖金以促进对其的研究。除了能使自由基无害化,防止肌体生锈、老化,它还是防癌的特效食品。

主要的十字花科蔬菜

油菜 　 西兰花 　 白菜

菜花 　 白萝卜 　 卷心菜

卷心菜和大蒜并称为抗癌食品。

十字花科蔬菜可抗癌

许多十字花科蔬菜中都含有异硫氰酸盐，这种成分在卷心菜中含量尤其多。

肝脏中存在可将进入体内的致癌物质清除的酶。而异硫氰酸盐可以帮助酶抑制致癌物质的活化，而且，它还有强大的消除自由基的抗氧化能力，能够阻止癌症前期的异常细胞增殖。

由于这些作用和大蒜中的蒜素成分有同样的功效，所以在美国，卷心菜和大蒜并称为抗癌食品。

另外，卷心菜中还含有抗氧化作用的维生素C。外层的叶子和菜心里面的维生素C的含量是不同的。外层的叶1000克中含有55.4毫克维生素C，1000克菜心中则含有39.6毫克，而在菜心旁边的叶子则为51.4毫克。因此，食用外层或者菜心外的叶片能更有效地吸收维生素C。

烹调时最好不加水

抗癌成分之一的吲哚类是水溶性的，如果采用水煮或者炖的烹调方式，大约一半都会流失到汤汁中去。不加水的烹调方法是最好的。用这种方法，维生素C的损失也会很少。

烹调时不要加水，也可以用微波炉烹调。

富含维生素E的食物
＊使自由基无害化

维生素E是脂溶性的物质，因此当它被身体吸收后，会进入细胞膜和角膜等由脂质构成的生物膜中。当自由基对生物膜进行氧化作用时，维生素E提供自身的电子以供氧化，它通过这一作用使自由基无害化，防止生物膜被氧化。

维生素E失去的电子可以由维生素C补足。得到电子的维生素E又重新恢复防止自由基氧化的能力。也就是说,为使维生素E有更强的抗氧化作用,维生素C的协助是必不可少的。而电子补给了维生素E后,变得不稳定的维生素C可以就此排出体外,因此对身体没有害处。

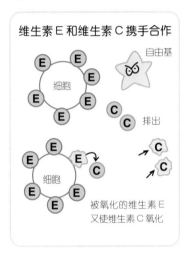

维生素E和维生素C携手合作

自由基

细胞

排出

细胞

被氧化的维生素E
又使维生素C氧化

维生素E还有返老还童的功效

维生素E通过让自由基无害化,而使细胞富有活力。这和预防身体机能和皮肤的老化关系密切,因此被称之为"返老还童的维生素"。

不仅如此,它还有促进血液循环的作用,对于肩膀酸痛、畏寒、冻疮和头痛也有效。

由于维生素E是合成黄体激素的材料之一,因此通过摄取维生素E还可以改善更年期障碍。

另外,它和维生素A一同作用,还可以保护肺部不受废气等环境污染物质的侵害。

缺乏维生素E会引起雀斑和痛经

当体内缺乏维生素E时,被称为脂褐素的老化色素的合成就变得很旺盛,皮肤上就会出现雀斑。

由于与黄体激素的合成有关,所以缺乏维生素E易造成激素功能的紊乱,出现痛经等女性特有的症状。

而且,由于无法发挥对抗自由基氧化的作用,会在体内引发动脉硬化、癌症以及细胞的老化等种种问题。

雀斑变得明显时有可能是缺乏维生素E

每天应摄取多少维生素E

每日必需的维生素E的量,男性是10毫克,女性是8毫克。但是,如果要发挥抗氧化作用,每天必需摄取100毫克到300毫克。

除了多吃富含维生素E的食物,也可通过营养补充剂来补充。但是过量摄取的话,会造成凝血功能降低。对成人而言,维生素E的每日最大摄取量不应超过600毫克。

维生素E在坚果类和植物油中的含量较高。但是这些食品放置过久反而容易氧化,所以千万不要食用散发着哈喇味的油。

富含维生素 E 的食物

南瓜　　　鲽鱼　　　鳗鱼

花生　　　鳄梨　　　鳕鱼子

富含维生素 C 的食物
＊ 消除自由基，提高免疫力

当自由基氧化生物膜时，维生素 E 会与之对抗，提供电子使之无害化。失去电子后变得不稳定的维生素 E，又由维生素 C 提供电子而再生。维生素 C 使得维生素 E 恢复活性，从而保持其抗氧化的能力。

失去电子的维生素 C 可以由维生素 B 提供电子。不过，多数被氧化的维生素 C 都被排出体外。像这样，维生素类通过连续的作用抑制了体内自由基的氧化作用。而且，由于维生素 C 不会在体内蓄积，排泄周期短，即使被氧化了也不用担心会损伤身体。

维生素 C 是水溶性的，大约 2~3 个小时就会被排泄掉。

维生素 C 还能够强化血管和皮肤

维生素 C 除了抗氧化作用之外，还有多种功效。

首先，它能对细胞的结缔组织胶原蛋白发挥作用，巩固血管、皮肤、黏膜、骨骼等的细胞，使之强化，这对于抑制癌细胞的产生也有效。

其次，它还能够对抗致癌物质亚硝胺。

此外，它能够强化白细胞的攻击病毒等免疫功能。因此，摄取足量维生素 C 的话，就不容易患感冒等传染病。

维生素 C 摄取过量易引起腹泻

维生素 C 具有强化细胞的结合、与自由基及病毒战斗等多种功能，但它在体内不能够储存，吸收后的 2~3 小时便会排泄出去。所以平时应多注意补充，早中晚每餐尽量食用富含维生素 C 的食品。

如果想有更好的效果，除了进行食补，还可以通过服用营养补充剂来进一步补充。然而，如果一次服用的剂量过大，有可能会引起腹泻和尿频等症状，所以补充维生素 C 时也应注意适量。

避免长时间水洗和加热

维生素 C 是水溶性的，会随着水洗而流失，所以洗的时候要迅速，同时避免用水长时间浸泡。

还要注意，食品切好后放久了会被氧化，所以切完后最好赶紧做好吃掉。而且加热烹调时，所含维生素 C 的 50% 以上都会损失。为了尽量避免损失，建议不要长时间地煮和炖，而是尽快炒了吃。

另外，尽管30岁以上的成人每日仅需维生素C100毫克，但为了提高抗氧化和抗癌效果，则需要每日摄取500毫克。

富含维生素C的食物

红椒　　草莓　　柿子

卷心菜心　　西兰花

富含多酚的食物 * 拥有超强抗氧化能力

多酚是植物的茎、叶、花等部分所含有的色素、苦味和涩味成分的总称。它是通过光合作用合成的，有很多种类，其中主要的种类就约有300种，还有一些种类是不为人了解的。所有的多酚都有抗氧化作用。

多酚对细胞间的水溶性部分、对细胞的脂溶性部分和细胞膜都发挥着抗氧化作用。

也就是说，它不受水溶性或者脂溶性的限制，拥有超强的抗氧化能力。它不仅能够防止肌体氧化，还有抑制致癌物质活化的作用。

多酚除了抗氧化作用之外，还有许多其他的功效，其功效根据种类各有不同。

比如，多酚中的儿茶酚，能防止血液中胆固醇和血糖值的升高；异黄酮有调节女性激素的平衡，防止皮肤粗糙的作用。

红葡萄酒富含多酚

红葡萄酒中含有大量多酚，对身体有益。因为在酿造过程中加入了果皮，所以红葡萄酒比白葡萄酒含有更丰富的多酚。经常饮用红葡萄酒的法国人和葡萄牙人的心脏病死亡率较欧洲其他国家低，这一现象很受关注。

尽管如此，酒精代谢能力差的人如果每天饮用红葡萄酒仍是危险的。因此，注意不要过度饮用红葡萄酒，以免引发酒精性肝炎或脂肪肝等。

多酚在果皮中含量较多

植物为了防止因紫外线造成的自由基的伤害，其外皮部分含有大量多酚，特别是葡萄等水果的外皮，多酚含量更高，所以建议吃水果时连皮一起吃。另外，茄子的皮中也含有大量多酚，所以食用的时候最好不要去皮。

皮很重要哦！

葡萄、茄子及蓝莓的皮，都含有丰富的多酚。

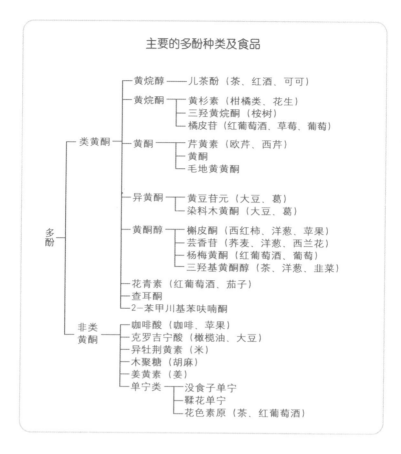

主要的多酚种类及食品

多酚
- 类黄酮
  - 黄烷醇 —— 儿茶酚（茶、红酒、可可）
  - 黄烷酮
    - 黄杉素（柑橘类、花生）
    - 三羟黄烷酮（桉树）
    - 橘皮苷（红葡萄酒、草莓、葡萄）
  - 黄酮
    - 芹黄素（欧芹、西芹）
    - 黄酮
    - 毛地黄黄酮
  - 异黄酮
    - 黄豆苷元（大豆、葛）
    - 染料木黄酮（大豆、葛）
  - 黄酮醇
    - 槲皮酮（西红柿、洋葱、苹果）
    - 芸香苷（荞麦、洋葱、西兰花）
    - 杨梅黄酮（红葡萄酒、葡萄）
    - 三羟基黄酮醇（茶、洋葱、韭菜）
  - 花青素（红葡萄酒、茄子）
  - 查耳酮
  - 2-苯甲川基苯呋喃酮
- 非类黄酮
  - 咖啡酸（咖啡、苹果）
  - 克罗吉宁酸（橄榄油、大豆）
  - 异牡荆黄素（米）
  - 木聚糖（胡麻）
  - 姜黄素（姜）
  - 单宁类
    - 没食子单宁
    - 鞣花单宁
    - 花色素原（茶、红葡萄酒）

富含硒的食物 ＊ 分解自由基

硒是一种矿物元素，是分解自由基的谷胱甘酞过氧化酶的必需成分。

矿物元素存在于土壤和水中，可以通过收获的农作物、鱼贝类或者用含矿物质饲料喂养的牛、猪、鸡等食品来摄取。

硒有分解自由基、延迟细胞老化的功能。如果和维生素E一起摄取，可以发挥两倍以上的抗氧化能力。两者相辅相成，能够抑制癌症的发生，提高免疫机能。

富含硒的食物

沙丁鱼　　　扇贝

葱　　　鲽鱼

牛肉　　　糙米饭

硒的摄入必须适量

硒的每日所需量,成年男性是45～60微克,成年女性是10～45微克,虽然很微量,却是人体每日所必需的元素。

对硒的摄取量一旦不足,人体会提前老化,褐斑和头皮屑会增加,并易患白内障,以及引起心功能不全。

但硒摄取过多也会造成中毒,出现呕吐、脱毛、指甲变形等症状。所以,应避免通过药物补充剂来大量摄取。一般来说,成人每日允许摄取的上限是250微克,注意不要超过这个量。

健康关照

笑一笑,十年少

压力会促使自由基大量产生

焦虑情绪也能产生自由基。人体受到压力刺激时,血液中会大量分泌一种叫做儿茶酚胺的应激激素。儿茶酚胺能使血管收缩,血压和心率上升,还有令血小板凝固的作用,从而引发动脉硬化。

儿茶酚胺和自由基相结合,会氧化损伤血管壁的细胞,于是白细胞就会在受伤的血管壁处聚集,本来是用来攻击异物而产生的自由基,现在指向了血管。这一现象与脑内出血等重大疾病有关联。就这样,压力促使体内产生自由基,削弱了免疫系统。

笑能提高免疫力,抑制自由基产生

散步、做有兴趣的事,以及和朋友聊天都能帮助人们消除压力。最近,笑的功效开始被广泛关注。据研究,人在笑的时候肾上腺素和皮质醇等应激激素的分泌会减少,这对抑制自由基的产生有很大作用。

此外,笑使身心处于放松的状态,这会促进脑中分泌神经肽。而神经肽有调节体内信息、提高免疫力的功能,同时,它还能够使自然杀伤细胞(NK细胞)活化,进而发挥抑制癌细胞的作用。

近年来,作为癌症和脑部疾病患者的恢复性治疗的一环,也加入了笑,还有的医疗机构增开了可引发笑声的曲艺场。